管 理 者 终 身 学 习

博学之，审问之，慎思之，明辨之，笃行之。

——《礼记·中庸》

管理者终身学习

且学·且思·且行

商学院
引领高等教育变革

THE LEARNING CURVE
How Business Schools are Re-Inventing Education

圣地亚哥·伊尼格斯·德翁左诺　著
(Santiago Iñiguez de Onzoño)

徐　帆　译
伊志宏　校

中国人民大学出版社
·北京·

学习　创新　超越（代译者序）

从 20 世纪 90 年代初中国引入 MBA 教育开始，得益于经济的高速发展和教育的对外开放，中国的商学院经历了 20 多年快速发展，与世界一流商学院在办学理念、办学水平上的差距迅速缩小，对中国高等教育的影响不断增大。2008 年金融危机以后，美欧商学院受到强烈质疑，毕业生就业受到很大影响。这样的情形虽然在中国尚未出现，但是，面对 21 世纪人类社会和企业经营环境的巨大挑战，中国的商学院同样需要思考关系其未来发展的一系列重大问题：随着互联网日新月异的发展、全球化持续深入的影响、社会问题的不断凸显，商学院应当培养什么样的管理人才才能在未来复杂多变的环境中担负企业成长和社会发展的重任？为了完成这个使命，商学院自身需要怎样的变革？商学院的发展又需要什么样的外部环境？

本书作者基于自己领导一流商学院的多年实践和对全球管理教育行业的深刻洞察，以独特的视角为我们思考上述问题提供了富有启发的见解。

现代管理教育 100 多年前从美国的商学院开始，第二次世界大战后在欧洲得到发展，最近几十年在亚洲、拉美的新兴经济国家得到更快的发展。通过面向实践的研究和专业人才的培养，管理教育对于促进现代企业的发展无疑发挥了重要的作用。进入 21 世纪以来，信息化和全球化的发展极大地改变了企业经营和管理的方式、企业的组织结构和整合资源的能力。加上不确定的国际政治格局、不断恶化的环境问题和波及广泛的金融危机，企业的经营环境更为复杂、多变，企业对管理人才提出了越来越多不同于以往西方主导的工业经济时代的新要求。对于未来的企业领导者而言，除了必需的管理技能，更重要的是高尚品格的培育和综合能力的培养，包括正确的价值观和对社会责任的担当，在复杂信息环境下去伪存真的分析判断能力，在全球化环境下理解文化的多样化并进行跨文化沟通和管理的能力，等等。

怎样才能培养出符合21世纪要求的管理人才，是商学院面临的巨大挑战。相对于商学院的服务对象——企业组织而言，商学院自身的变革要缓慢得多。自20世纪五六十年代起，商学院为在大学中获得学术地位，不断强化学术研究的严谨性和学科的专业性，致使学科专业壁垒增加、学术研究脱离实践等弊端不断受到诟病。与此同时，遍布全球、以培养管理者为使命的商学院变得越来越千篇一律、千人一面：基于学科专业的课程体系划分得越来越细；学生在经济学、金融学课堂上学到的是有着严格的假设、以发达市场环境为背景、以股东价值最大化为出发点的理论，管理学的课堂上则充斥着基于西方企业实践的管理理论和现成的管理工具；对个人价值和企业价值最大化的追求，使道德和品格教育显得苍白无力、收效甚微……基于过去的丰富实践和未来发展的巨大潜力，中国商学院需要有更大的勇气，在学习借鉴的基础上锐意变革，在全球竞争中提高竞争力。变革的方向至少有三个：其一，需要与企业有更紧密的联系，使其研究和人才培养更贴近需求；其二，需要与大学的其他学科有更密切的跨学科研究合作，在人才培养中需要增加更多人文和科学的内容，以培养学生的人文情怀和对当代科技发展的敏感度；其三，需要更加关注中国情境和中国元素。为此，商学院需要在教学和科研活动的组织、教师队伍的培养和考核上有系统性的创新。

同时，商学院的发展还要求在大学内部有更宽松的环境。商学院因其与市场需求的密切联系，早期在传统的大学中被视为异类，以至于不少顶尖大学很晚才成立商学院。时至今日，商科越来越成为学生家长趋之若鹜的热门学科，但商学院在大学内部的生存环境并不乐观。商学院要面向市场，密切跟踪企业需求，其人才培养、科学研究、师资管理等与人文、科学学科有很大的不同，因此，商学院在大学内部需要更大的自主性和更宽松的发展环境。中国的商学院在教学内容上需要更贴近中国实践，但在学院治理上要更多地学习和借鉴世界一流商学院的经验。

2011年我们翻译了《MBA教育再思考——十字路口的工商管理教育》一书，受到学界同行的广泛认可。在那之后，我一直希望再找一本能够对商学院的历史、现状和未来有系统思考，有宽广的视野和厚度，能够对中国商学院的未来发展有所裨益的书介绍给国内同行。当2012年4月Santiago院长把《商学院——引领高等教育变革》（The Learning Curve: How Business Schools Are Re-inventing Education）这本书送给我的时候，我发现这正是我要找的。我与Santiago院长认识多年，他对全球管理教育的见解给我留下很深的印象。2009年人大商学院筹备成立国际顾问委员会时，经EFMD质量部主任、IE商学院前任院长Julio Urgo引荐，我和同事专程访问IE商学院并拜访了Santiago院长。在那次访问中，IE商学院极富创新的精神、开放办学的态度以及在短短30年的时间里跃升为欧洲顶尖商学院的经历使我们获益匪浅，Santiago院长也欣然接受邀请加入学院国际顾问委员会。自此以后，人大商学院与IE的联系不断加强。2012年耶鲁大学管理学院Snyder院长筹划成立"全球高端管理联盟"（Global Network for Advanced Management）时，人大商学院和IE商学院又成为其最主要的支持者。

我愿意把《商学院——引领高等教育变革》一书介绍给国内同行，希望中国的商学院不断进步，在学习借鉴的基础上实现创新和超越，在国际上成为与欧美商学院比肩的重要力量。

伊志宏

致　谢

　　人们总是渴望尽可能多地汲取知识、拼搏事业、享受生活，然而人的一生很短暂，所以很多人期待能有来生。我们这些教育工作者倒是可以说自己有两次生命：一来，我们有自己的生活；二来，通过时常与学生交流，我们了解学生，培养他们实现人生理想。

　　我自幼向往成为一名教师，小时候常常拉上几个弟弟妹妹，扮成老师给他们讲课，他们总是乖乖在底下听着毫无怨言。现在，我能如愿投身于教育事业，实属有幸，而这些年来我对这份事业的热爱也有增无减。

　　我虽然乐在其中，但也不得不承认，教育工作非常有挑战性，而且竞争尤为激烈。我大概在20年前从IE商学院毕业获得MBA学位，随后很幸运地得到了留校机会，后来更是有幸能和IE商学院创始人兼时任院长Diego del Alcázar Silvela一起工作。17年来，无论是在个人成长还是事业开拓方面，他都一直是我敬重的导师。在此，我首先要对他表示感谢：他是我写作此书的灵感来源和精神支柱。IE商学院——凭借卓越的研究和教学成为受人尊敬的世界知名商学院——之所以能办得有声有色，正是得益于他的远见卓识和魄力。Diego为我们呈现了很多实现梦想的新思路。

　　我先后担任IE商学院对外关系主管和院长，很荣幸能与IE的各位精英理事携手合作、共谋发展。我想感谢主管财务工作的

致 谢

副校长 Javier Solano，他尽心分担工作，让我安枕无忧。此外，还要感谢 Alfonso Martínez de Irujo，Gonzalo Garland，Rafael Puyol，Margarita Alonso，Celia de Anca，Miguel Sagüés 和 Salvador Aragón，谢谢他们的支持和建议，也感谢他们不厌其烦地参加我每周召集的例会。另外，我还想特别缅怀已经与世长辞的理事 José Mario Álvarez de Novales，IE 商学院和我们这些与他共事过的人不会忘记他的杰出才智和工作激情。

作为院长，我得以站在巨人的肩膀上带领学院前行，尤其要感谢与我亲密合作的团队。他们以完成学院教育使命为职责，发挥过人的才华和能力，给我提供了强有力的支持。我每天都能从他们那里了解到一些新情况，和他们探讨本书中提到的很多观点和提议。团队成员包括 Salvador Carmona，David Bach，Joaquín Garralda，José María de Areilza，Manuel Fernández de Villalta，Arantza de Areilza，Adriana Angel，Isabel Armada，Luis Solís，Marco Trombetta，Samuel Martín Barbero，Martha Thorne，Javier Quiintana，Antonio de Castro 和 Antonio Montes，我很荣幸能和他们一起工作，由衷地感谢他们的敬业精神和友好合作。

多年来，我参加了旨在推动全球管理教育和商学院发展的无数活动。在各种会议、会谈场合，通过与其他院长、教师、企业高管、新闻工作者和各类机构负责人探讨交流，我获益颇丰。在此要特别感谢以下人士（按英文姓氏首字母顺序）：Gabriela Alvarado，Paz Alvarez，Kofi Appenteng，Richard Barker，Fernando Barnuevo，Fernando Bartolomé，Jerónimo Betegón，George Bickerstaffe，项兵，Frank Brown，John A. Byrne，Jordi Canals，Federico Castellanos，Bernadette Conraths，Eric Cornuel，Sue Cox，Rolf Cremer，Carlos Cruz，Enrique Dans，Fernando D'Alessio，Emerson de Almeida，Teppo Felin，John Fernandes，Ernesto Gore，Mauro Guillén，Maria Lorena Gutiérrez，William Haseltine，Louis Lavelle，Dan Le Clair，Peter Lorange，陆雄

文，Colin Mayer，Carmelo Mazza，Francesco Mazzuca，Arnoud de Meyer，David Parcerisas，Kai Peters，Jeanette Purcell，Nunzio Quacquarelli，Paolo Quattrone，Michael Osbaldeston，Robert Owen，Bernard Ramanantsoa，Carlos Ramos，Quique Rodríguez，Juan Santaló，Alfons Sauquet，Gordon Shenton，Blair Sheppard，Cristina Simón，Jonathan Slack，Ted Snyder，Matt Symonds，Pierre Tapie，Howard Thomas，Marianne Toldalagi，Margaret Touborg，Jerry Trapnell，Julio Urgel，Arpad Von Lazar，王重明，Blake Winschell，Matthew Wood，伊志宏和周林。

六年前，我和 Paul Danos，Della Bradshaw 一起创建了一个名为"Deanstalk"（院长寄语）的博客专门探讨管理教育，现在这个博客已经发展成为一个重要的商学教育交流平台。虽然在博客创立之初有很多不确定因素，各项工作纷繁复杂，但 Paul 和 Della 仍然尽心参与整个过程，对此我深怀感激。本书提及的很多观点都在这个博客中得到完善和验证，而我本人也通过与博客读者的交流收获良多。此外，我还有幸与 Paul Danos 通过"院长圆桌论坛"接着合作。他在世界各地组织了无数场论坛，希望通过这些活动交流和分享各大商学院的宝贵办学经验。这些论坛让我对管理教育有了更深刻、更全面的认识，而我和 Paul 也建立了深厚的友谊。今后我们还将继续一起举办各种交流活动。

这些年来，我还得到了 Bryan O'Loughlin 的有力支持。他在管理和学术上都给了我很大的帮助，在许多场合倾力付出，帮我修正观点，开拓思路，也为本书的推出提供了宝贵建议。

我还想特别感谢由 Jose Félix Valdivieso 带领的 IE 宣传部门。多年来，他们帮忙整理和提炼我在历次公开发言中阐述的观点和重要信息。谢谢 Maite Brualla，Igor Galo，Geoffroy Gerard，Yolanda Regodón，Juncal Sánchez Mendieta，Kerry Parke 和 Verónica Urbiola，也感谢此前在该部门工作过的 Maripé

Menéndez，Ulla Karpinnen 和 Michael Aldous。

另外，也要特别感谢 Des Dearlove 和 Stuart Crainer 帮忙编辑本书，根据他们的提议，本书的阐述方式能使更广泛的读者群体理解其中的观点。还要感谢 Palgrave Macmillan 出版公司的 Stephen Rutt，本书从最初的构思到后来的完善成型都离不开他的支持和鼓励。同时，谢谢参与编辑工作的 Eleanor Davey-Corrigan，Cynthia Fernandez 和 Vidhya Jayaprakash。

最后，Nick Lyne，Juan Ramón Zamorano 和 Igone Jayo 也为整理本书内容提供了大量帮助，感谢他们每天的支持和鼓励，让我得以完成手头的工作。

本书的初衷是希望点燃学习的热情，这是我有幸在世界各地商学院遇到的人们，特别是 IE 商学院的同事和我共同的愿望。这份热情将由我们的学生继承和发扬，终将推动人类社会的改变。

序

高等教育是全球最受关注、发展最快的行业之一，目前正处于重大的变革时期。从最早的大学成立至今，当前高等教育变革的范围和力度前所未有。引领高等教育变革的是新型教育机构——商学院。20世纪上半叶，商学院在美国诞生，自那以后，商学院开辟了全新的教育领域。

欧洲的商学院成立较晚——也可以说更具开拓性。这些学院在第二次世界大战之后建成，推行一年制MBA项目，着重强调实用的职业教育而非学术理论。本书作者圣地亚哥·伊尼格斯·德翁左诺结合对商学院的深刻了解及其多年在欧洲顶尖商学院任职的独特经验，深入分析了高等教育目前面临的一些重大挑战。

这些挑战包括：制定合适的战略，以适应全球范围的竞争；正确定义大学在现代知识价值链中的角色和作用；合理设计师资结构，建设师资队伍；培养学生具备多种才智和出色的人际交往能力。

本书探讨了教育机构如何在"学界"* 和"商界"** 之间搭建有效的桥梁。近几十年来，商学院的发展尤为迅猛。因此，作者以商学院为主线展开论述，希望以此为整个高等教育领域提供重要的借鉴。

本书的目的不仅仅是描述迄今为止商学院的发展经验，更是

---

* 希腊语为"Academia"，指形成和传授知识的地方。
** 希腊语为"Agora"，指应用知识的专业领域。

预测商学教育和整个高等教育的未来发展趋势。作者分享了关于建设世界一流教育机构的宝贵经验，以及他对高等教育未来发展的展望。

作者列举了与世界各地最具影响力的商学教育人士的多次谈话内容，围绕如何建设世界一流高等教育机构展开论述，展示了其独特的视角和深刻的见解，为21世纪教育领域的管理者和其他相关人士提供了一个清晰可行的路线图。

前　言

　　我与德翁左诺院长在世界多个地区合作举办了一系列"院长圆桌论坛",他在本书中深入解析了这些活动涉及的很多议题。长期以来,我和德翁左诺院长在风格迥异的商学院工作(他所在的商学院位于市中心,在多地开设了种类齐全的教学项目;而我所在的商学院地处郊区,规模较小,专注于全日制 MBA 项目),因此对管理教育的未来发展经常看法不一。但是,他非常了解全球管理教育行业,特别是,他十分关心学生,关注高等教育在推动社会发展中所起的作用,这些都让我由衷地敬佩。

　　在书中,德翁左诺院长全面评述了管理教育的过去、现在和未来。他追溯了全球管理教育事业发展至今多个具有历史意义的里程碑,分享了他对管理教育未来发展的独到见解。

　　本书并没有平铺直叙地罗列历史或者纯粹分析人口因素和经济因素,而是全面阐述作者凭借浓厚兴趣和多年经验而领悟出来的深刻理念。作者以管理教育的基本要素为中心展开论述,分析了管理本身的重要性、科技和全球化的重大影响、科研和教学的关键角色等,从各个角度完整地阐述了其核心观点。

　　德翁左诺院长深谙教育业的历史和哲学根基,他对管理教育和整个高等教育的深刻理解使本书的写作具有扎实的基础。书中很好地糅合了他对教育的经典理解和 IE 商学院丰富的办学经验。他带领 IE 商学院通过变革和创新取得了令人瞩目的发展成就。在他看来,像 IE 商学院这样的院校要想发展壮大,就必须积极地应对市场挑战，满足学生的实际需求。他认为，欧洲和亚洲的很多院校不像其他一流的西方院校那样可以依赖巨额的捐赠基金和校友捐赠，所以必须通过改革创新和提高效率来积极适应市场需求。

　　本书的重要主题之一是学界和业界之间的内在联系。美国很多顶尖教学项目的特点是把"研究人员"和"教学人员"区分开来。对此，德翁左诺院长表示尊重，但他个人更赞同并深入探究更混合的方式，即认为研究和实践是有联系的，两者不存在孰轻孰重，而商学教育恰恰是两者联系的纽带，这种观点在世界很多地方受到推崇。他认为，教授的首要角色是一名教师，而科研和教学实践经验的比重则需视情况而定。与此不同，典型的美国模式则将研究型教授视为最重要的教学财富，认为科研本身就可以培养实践中需要的专业技能。德翁左诺院长在书中就这些观点展开了深入探讨。

　　德翁左诺院长具有全球视野和远见卓识，读者们可以在书中分享他在世界各地与无数高等教育界人士交流探讨的经历和体会。他预测了未来全球商学教育版图的变化趋势，分析了这些趋势对"培养品德高尚的管理者"这一最终目标有何影响。他认为，最出色的商学教育将更多地以跨学科为特色，重点培养学生的综合能力和高尚品格，为社会输送卓越的人才。

　　如果您想知道管理教育的发展历程，了解一位全球教育关键参与者的真知灼见，那就一定要读这本书。

保罗·达诺斯
达特茅斯大学塔克商学院院长、"Laurence F. Whittemore"教授

导 论

在经济全球化的背景下，高等教育机构面临着更激烈的竞争和挑战，因而不得不加快转型的步伐。世界各国都鼓励高校在保证教学质量的前提下，更多、更好地采用现代化的教学工具和教学技术，在保证治学严谨的同时增强教学内容的实用性。简而言之，教育体系面临的整体挑战是要从集中培养一小群精英转型为广泛培养一大批知识工作者。

随之而来的有两个重要变化：其一，教育本身已经成为个人经济价值的一个关键来源（这在以前并不那么明显，但在经济全球化的背景下显而易见）。其二，教育机构之间的竞争愈演愈烈，其目的在于想方设法提升全球竞争优势。

越来越多的高等教育机构——无论是独立运营的商学院还是传统的高校——都在积极应对以下挑战：如何建设世界一流的教育机构，确保科研和教学工作既不失严谨又密切联系实际？怎样将传统的治学方式与现代市场的快速变化和先进技术相结合，同时满足治学和市场的需求？这些挑战对于21世纪的经济发展和社会进步来说都是至关重要的。

我想，世界顶尖商学院的发展历程或许可以给上述问题提供解答。商学院从创始之初到现在仅仅经过了一个世纪。现如今，商学教育已经成为真正意义上的全球性事业，我坚信，它对整个高等教育都有重要的借鉴意义。商学院虽然仍有不尽如人意之处，但是却成功地攻克了其他高等教育机构及其领导者目前面临的许多难题。

然而，尽管商学院在20世纪取得了巨大的成功，2008年发生的金融危机却给其带来了不小的信任危机。很多社会分析家和舆论界人士都指责商学院和MBA项目，认为它们应当为全球经济危机承担责任。的确，"管理"正承受着前所未有的质疑和压力。

我倒坚持认为，管理是年轻的学生们今后可以考虑从事的最崇高的职业之一。管理和创业可以给社会带来财富，促进经济增长和社会发展，创造就业机会，推动创新，改善生活条件。优秀的管理还能促进不同民族、不同文化之间的相互理解和融合，从而成为抵御不良国际政治影响的重要手段之一。

未来的学习曲线

说实在的，我在管理教育领域的多年工作体验可谓是喜忧参半。和其他商学院一样，我所在的IE商学院也一直在发展之路上不断开拓创新。虽然——或者也可以说是恰恰因为——总有人质疑商学院的存在价值和教育方式，但商学院数十年来对整个高等教育行业产生了重大影响，也为大学各学科间的不断融合做出了巨大贡献。本书探讨了商学院教育模式与日俱增的影响，并分析了"博洛尼亚进程"* 等其他推动高校一体化的举措对形成扁平化知识世界的促进作用。

把这一问题放在历史背景下看非常重要。在古希腊，"Agora"和"Academia"分别指进行商贸交易的集市和从事教学活动的场所。有趣的是，在古雅典时代，这两个场所在卫城山丘上彼此毗邻，从而大大促进了学者和商人之间的交流互动，这在《柏拉图对话集》等很多作品中都得到了体现。古希腊并没有把思想家和管理者区分开来，而是把两者归于同一类型：教育工作者都

---

* 旨在整合欧洲的高教资源，统一教育体制。

认为其学术著作应该探讨解决实际的政治问题和社会问题。

到了中世纪，情况却发生了变化。那时，神学院成了传道授业解惑的唯一场所，也是各种知识的储备库。可是，神学院往往隐秘幽静，极少接触其他社会群体，学院里的修士们很少和院外人士交流。知识的构建和拓展本应源自丰富的实践，而在这个时期却受到了很大的制约，至多也就和神学院的药房或者花园里的少数活动有直接联系，因而逐渐导致知识形成和知识应用之间的巨大鸿沟。

现代大学是由神学院发展而来的，所以直到今天，高等教育机构在历史传统、办学方式和机构文化等许多方面仍然有神学院的烙印。事实上，高校受到的诟病之一正是脱离实践，过于注重学术的严谨性而忽略知识的实用性。是时候将商界和学界很好地衔接起来了吧？我想答案是肯定的，而且商学院的发展经历可以提供有益的借鉴。

知识本质的变化

商学院从根本上来说具有很强的实践性。因为商学院是围绕管理等一系列课题来开展教研活动的，而这些课题不能依赖推测，必须植根于实践，所以大多数科研项目都需要针对实际企业问题，与企业高管合作进行。至少在我看来，这种表述应该不会引起什么争议。然而，在实际中，商学院及其他教育机构的一些学者有时确有疏忽，造成科研与实践脱节。

变革很有必要，也必然会发生。事实上，整个教育行业都在变化，而且这种快速变化仍将持续。推动教育变革的是三大趋势：新科技的发展、全球化，以及社会对毕业生的新要求。

第一个趋势——新科技的发展——或许是最显而易见的。现如今，大概没有人会质疑信息和通信技术对学习过程的重要影响。调查显示，网络教育正在蓬勃兴起。很多过去只提供面授课程的商学院——比例超过80%——现在已经开设了在线课程。

以前，提供网络教育的只有一些办学规模大、学生数量众多的大型教育机构，而且在线课程多以学生自学为主。随着新技术的发展，越来越多的以传统课堂教学见长的院校也开始试水网络教育，这不仅进一步扩大了网络教育的规模，也改变了教学过程的内在本质。

很多人觉得在线课程不如面授课程那样具有交互性和生动性。而且，人们往往认为网络教学都是些廉价、质量差、生源庞杂的项目。其实，这种认识是错误的。优质的在线课程其实非常接近真实情境，学员们可以切实体验到众多跨国公司是如何管理沟通和制定决策的，体验之丰绝不亚于面授课程。

互联网、视频会议等新技术的发展催生了一大批前沿教学方法。比如，现在一些院校可以采用最新的网真技术将来自不同国家和地区的学员组建为一个虚拟课堂，统一授课。而这还仅仅是个开始。

影响教育行业的第二个趋势是全球化。高等教育已经成为一个全球性行业，很少有院校光凭自己的资源而不借助对外合作就能成功运作国际项目。国际合作已经从简单的学生交换项目延伸为双学位项目等更深层次的合作形式。一些商学院甚至还参照咨询公司等专业性服务企业的模式在海外创立了分校或办事处。

商学院之间的国际合作形式越来越丰富多样，可以采用不同的战略来应对全球化带来的挑战——既可以是传统的双边合作，也可以是新型的多边战略联盟。相比而言，多边战略联盟更具开放性，一般不设定固定的合作期限，强强携手，优势互补。纵观整个高等教育行业，同样也是新的办学举措层出不穷，比如营利性大学的出现、多校区大学和网络大学的兴起等。

影响未来学习曲线的第三个趋势是社会对高校毕业生要求的变化。这些要求不仅反映了工作环境的新变化，也体现了更广泛的社会变化。现在，年轻人都有自己的学习打算，和他们的未来雇主一样，对教育有着更高的要求。他们不满足于接受传统知识的灌输，更迫切地希望获得新的学习体验，比如到新奇的地方游学，到发展中国家亲身参与一些可以丰富人生体验的项目等。

简而言之，未来的学生群体和用人单位都希望高校能提供比以往更全面的素质教育。我想，这应该通过一种整合性更强的教育方式来实现，比如将艺术、历史等人文学科融入商科教育。

本书探讨的就是这样一个全新的教育领域。

第Ⅰ篇概述了商学院的发展历程，包括其在20世纪的崛起。第1章分析了商学院发展的动因，尤其是管理对于各个领域的重要性越来越受认可的背景。如果说第1章是为商学院的兴起唱赞歌，那么第2章则重点评价商学院的不足之处，特别指出了全球金融危机之后人们对商学院的抨击。这些负面评价有的的确合理，有的却有失偏颇。该章还探讨了管理是否——或者是否应该——划归为近似于法律或医学的一种职业。第3章是第Ⅰ篇的最后一章，针对如何更好地培养优秀的管理者提出了实用的建议。

第Ⅱ篇分析了推动高等教育变革的三大趋势——新技术的发展、全球化，以及社会对高校毕业生要求的变化。第4章探讨了在这些趋势的影响下商学院的运营模式和整体格局所发生的变化。文中详细分析了从传统大学框架下的商学院到企业大学等一系列各具特色的商学教育机构。第5章描述了一些振奋人心的最新的教学技术，并探讨了这些技术将给未来的商学院和其他高等教育领域带来怎样的变革。随着全球化进程以及人们出入境越来越便捷，商学院等教育机构的利益相关者也变得更加国际化、多元化，第6章以国际合作联盟和分校区建设为例分析了这种变化所带来的影响。第7章分析了商学教育在全球范围内的迅速发展所产生的对国际教育规范和知识本土化的新需求。印度、中国、中东等新教育中心的崛起不仅是商学教育全球化的体现，更反映了这些地区对适用于本土实践的实用知识的需求。

第Ⅲ篇展望了未来的教育发展方向和挑战。第8章分析了商学院的办学目的，认为商学院必须通过改革和创新才能真正实现自己的使命。第9章介绍了学生群体的内在变化、学生结构的多元化和他们对教育的更高期望。学生期望值的提高，也就意味着教育机构需要加强师资力量，重新评估教师的资质和经验。第10章详细论述了未来高等教育对教师的选拔和培养要求。最后，作者在后记中梳理了全书的核心观点，鼓励商学院积极采用新的教育方式，特别是在商学教育中融入人文知识和传统道德观念。

  本书全面分析了商学院目前的整体运营环境，并尝试探索教育格局的变化趋势。这本书并不是对未来的大肆宣告——虽然我对很多结论深信不疑——也并非守着往日的辉煌扼腕痛惜，而是希望给读者带来期盼和热情。现在，学习对于我们的生活来说比过去任何时候都更关键、更重要，所有从事教育事业的人也就需要相应承担更大的责任。我们输不起，只能做到最好。

目 录

第Ⅰ篇　开拓先锋

第1章　管理的重要性 ····················· 3
　　未来的"施塔尔"们 ····················· 5
　　管理的兴起 ························· 6
　　商业时代 ·························· 8
　　管理的职业化 ······················· 9
　　超越职业范畴 ······················· 16
　　未来的企业大亨 ······················ 18

第2章　直面批评，走出危机 ················· 19
　　管理者，非MBA ······················ 22
　　有则改之，无则加勉 ···················· 26

第3章　培养更优秀的管理者 ················· 40
　　管理者是社会结构的建筑师 ················· 41
　　未来的管理者 ······················· 44
　　培养管理道德与持续学习 ·················· 45
　　终身学习：贯穿管理者整个职业生涯的准则 ········· 48
　　商学院已经处于成熟阶段了吗？ ··············· 50
　　管理教育：顺应时势 ···················· 51

第Ⅱ篇　今天面临的挑战

第4章　变化的版图 ······ 57
多个趋势塑造新的学习曲线 ······ 59
新型机构："大型教育零售商" ······ 63
企业大学 ······ 67
以咨询为基础的教育中心 ······ 68
通过社交网络开展教学 ······ 69
商学院如何创收 ······ 71
商学院的两种主流发展战略：纵向整合或专业化 ······ 73
商学院的未来动向 ······ 76

第5章　网络教学 ······ 79
最早提供网络教育的一批院校 ······ 81
伊卡洛斯之梦：UNext 的故事 ······ 83
最重要的不是平台 ······ 85
多样化的人生 ······ 87
打造精品项目 ······ 89

第6章　利益相关者的国际化 ······ 93
多级竞争与保护主义 ······ 95
商学院的利益相关者有哪些？······ 96
吸引留学生 ······ 98
学生流动性：欧洲的博洛尼亚进程 ······ 100
真正实现区域一体化需要哪些举措？······ 101
跻身国际市场 ······ 103
美国商学院的国际化方式 ······ 106
战略联盟和抢椅子游戏 ······ 107
教育特区 ······ 111

第7章　知识的熔炉 ······ 114
　　知识有赖于具体情境 ······ 116
　　火星与金星：美国商学院与欧洲商学院 ······ 117
　　印度的召唤 ······ 120
　　中国，教育大国 ······ 123
　　英语是新的拉丁语 ······ 126
　　重要推手：认证机构和排名机构 ······ 128
　　能否建立全球统一标准 ······ 130
　　各类排名 ······ 131

第Ⅲ篇　下一个学习曲线

第8章　商学院的办学目标 ······ 137
　　加强学界和商界的联系 ······ 139
　　商学院是学习中心 ······ 143
　　项目内容和课程体系 ······ 144
　　纷繁多样的教学方法和项目形式 ······ 148
　　"学习体验"的差异化 ······ 152
　　人脉关系 ······ 154
　　商学院是助推剂 ······ 155
　　商学院院长之职 ······ 157
　　教育机构的适应力 ······ 159

第9章　未来的学生 ······ 162
　　MBA——21世纪的"大旅行" ······ 167
　　能力重要还是经验重要 ······ 168
　　学员多样化在教学过程中的重要性 ······ 169
　　充分利用课堂的多样化：文化熔炉和万花筒 ······ 172
　　MBA项目管理涉及的准则规范和惯例习俗 ······ 175

打击作弊行为 …………………………………… 177
第 10 章　师资培养和知识产出 ………………………… 180
　　培养全才型商科教师 …………………………… 183
　　再谈博士项目的培养目标 ……………………… 187
　　教学的重要性 …………………………………… 188
　　知识的产出和传播 ……………………………… 190
　　商学研究创新的本质 …………………………… 192
　　学术圈的净化 …………………………………… 193
　　教授是内行 ……………………………………… 195
　　明星教授 ………………………………………… 196

后　　记 ……………………………………………………… 198
注　　释 ……………………………………………………… 201

第 I 篇

开拓先锋

- 第 1 章　管理的重要性
- 第 2 章　直面批评，走出危机
- 第 3 章　培养更优秀的管理者

第1章
管理的重要性

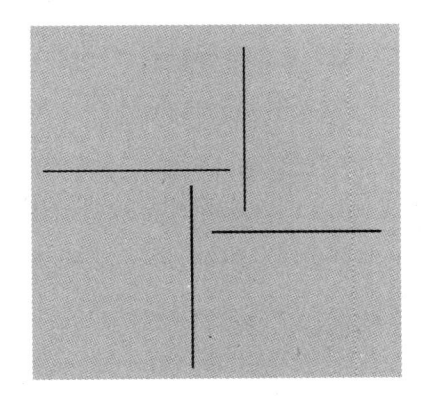

我记得，有一部以商业人士为主人公的小说，情节引人入胜，而且非常贴近现实，这就是出版于1941年的《最后一位影坛大亨》[1]，作者是斯科特·菲茨杰拉德（F. Scott Fitzgerald）。我写作本书时不由地常常想起小说的男主人公门罗·施塔尔（Monroe Stahr）。比起大多数高管自传作品里被描绘得神乎其神的人物，门罗·施塔尔更像是活生生的真人——虽然不完美，但是非常真实。施塔尔年纪不大，是一位成功的电影制片人，堪称模范老板。他不仅对工作全情投入，关爱下属，能安稳地掌控整个公司（虽然很多人对他的公司图谋不轨），而且对所在行业了如指掌。

小说写作之时，商学院的发展才刚刚起步。施塔尔"只是在夜校上了一门关于速记的课"[2]，这就算是他受到的商学教育了。

据书中所述，施塔尔是一位家长式的领导，从不让员工失望。他提倡创新，不仅经常提拔有上进心的优秀年轻员工，还特别关照那些勤勤恳恳为公司付出的老员工。比如，上了年纪的电影导演莱丁伍德（Ridingwood）在影片拍摄过程中突然精神失常，施塔尔悄悄把他送去治疗，并支付了全部医疗费。得知公司最出色的摄影师视力严重下降的消息后，施塔尔专门找眼科专家帮他治疗，压制公司对他的流言蜚语，后来还请他重返公司工作。

施塔尔自然是一位十分体恤员工的领导。不过，小说中也提到，施塔尔"看起来好像只关注精神层面，其实有时候也会像个斗士一样严抓实际工作"[3]。有一次，他安排不同的编剧团队改同一个剧本，看看哪个版本改得更好，甚至把各组最精华的部分糅合起来。编剧人员一向创作态度严谨，很少有人受得了这种做法。可是，如果施塔尔的这种方式能敦促编剧交出最佳作品，提高他们的创作积极性，那就没什么不妥了吧？实际上，很多公司确实会把同一项任务安排给不同的团队，希望员工献言献策；同样，经理也常常向不同的供应商索要报价，争取拿到最优价格。

和其他优秀的管理人员一样，施塔尔还有一个特点，就是对工作的热情和无私奉献。小说中一位同事对施塔尔如是评价："他好像生来就不用睡觉，不懂休息，也不想休息。"[4]虽然施塔尔有着突出的管理能力和敏锐的商业嗅觉，但他好像无法在工作和个人生活之间找到有益的平衡。有一次，别人问他忙了一整天以后还会不会待在工作室，他回答说："会啊……我晚上没地方去，所以就只能接着干活了。"[5]他在加州马里布的群山区有一处房产，因为多年来不怎么打理，看起来就是个破旧的木屋，孤零零地杵在一些木桩上。后来，施塔尔意识到当初应该花更多的时间找到生命中的挚爱，可是悔时已晚，所以他最终迎娶了另一位制片人的女儿塞西尔（Cecile）：这是一场功利性的婚姻，没有真爱。

施塔尔这个人物身上积聚了成功的管理者必备的很多特质：长远的战略眼光、敏感的商业嗅觉、持续的工作激情、优秀的领导能力、精通行业情况、在维持公司日常运营的同时善于开拓创新。小说作者菲茨杰拉德本身不是管理领域的专家，这反而能让作品有别于那些老一套的企业家传记。书中的主人公既有优点又有缺点，既不是天使也不是恶魔，既有成功也有失败：作者给我们塑造了一个丰满的人物形象，让读者深受启发。

◉ 未来的"施塔尔"们

门罗·施塔尔这个人物深深刻在我的脑海里。我们可以从他的故事中体会到管理的影响力以及对管理的需求。同时，他还让我思考一个问题——现在和将来，我们应当怎样通过教育培养出像施塔尔这样的管理者。

这绝不是凭空遐想。我们迫切需要界定管理者和企业领导人的职责，以及他们作为独立的个体和机构的成员，应当如何对社会作出有益的贡献。相应地，怎样才能更好地培养管理者和商业领袖，这个问题也值得我们深思。培养未来的领导者不止是一个可以高谈阔论的议题，它对于未来的经济增长、社会发展和文明进步来说也是至关重要的。

为什么这么说？最紧迫的是，2007年开始的金融危机对世界各地的影响至今仍未消退，而且还将持续多年。各界人士纷纷提笔撰文，探究金融危机背后的原因。这些都无可厚非，不过在总结过去的经验教训之余，我们还得往前看。商学院的确需要承担一定的责任，今后也将在帮助企业重建声誉和效力方面发挥重要的作用。

现在，世界需要大批优秀的创业者、管理者和企业家。这个世界尚不完美，不同的文化之间时有碰撞和冲突，有些国家的对外政策仍欠考虑。我想，解决这一切问题的灵丹妙药就是培养杰出的管理者，创立更多企业，改革创新，为社会各个阶层创造价值和财富。

◉ 管理的兴起

首先，我们来了解一下管理的发展进程。管理是不限时间和空间的。人们一直以来都扮演着各种管理角色，只是到了20世纪才正式有了"管理"这种说法。

管理已经从一种不可言传的、非正式的临时活动发展成为可以从各个角度进行常规分析和评论的活动。管理摆脱了阴影的笼罩，成为社会经济和个人生活的一种重要的推动力量。现在，任何组织或活动都涉及管理、需要管理。

虽然管理是在20世纪成熟起来的，但是如果说管理在1900年之前压根不存在，那就大错特错了。文明的曙光初现时，人类就已经开始了管理的实践。只是在过去百年来，人们才开始认可管理的必要性，不仅分析和监督管理行为，还专门传授管理知识，管理这才有了更加正式的身份。

在此期间，管理常常被狭义地定义为与企业活动有关。正如伟大的管理思想家彼得·德鲁克指出的，这其实是一种误导。管理的应用范围远远超越商业世界。他认为，20世纪初出现的"城市经理人"就是管理应用于某一特定工作的最早实例。管理适用于企业，也同样适用于地方政府；政治和政府离不开管理，医疗事业和医院也同样需要管理。无论是体育运动——辅导运动员只是其管理职能之一——还是工厂车间，管理都能发挥重要的作用。

管理无处不在。德鲁克说："管理在不同的组织中当然有所不同——毕竟，组织的使命决定组织的战略，而战略又决定组织结构。但是，管理一家零售店连锁企业和管理罗马天主教众多教区之间的差别其实远远没有想象的那么大，只是连锁企业高管或者主教们没有意识到罢了。"

> 存在差异的主要是应用方式，而不是管理原则。比如，所有组织的管理者在与人沟通、做人事决策上花的时间都差不多——而人的问题几乎都是一样的。
>
> 所以，无论是一家软件公司、医院、银行还是一个童子军组织，管理起来只有10%的差别。这10%取决于组织的特定使命、独特文化、自身历史和特色语言，而其他的管理问题都是相通的。[6]

管理最终被认可为一门独特学科，这实属不易。尽管我们看到，很多高层管理人士头顶光环、拿着高薪，明显享有更大的权力和影响力，劳动者中从事管理工作的人数也占相当大的比例，但是，很少有人认为管理是最高贵的职业——甚至根本不把管理当作一项职业。管理好像是不经意间发生的事：比如，你最初在客服部工作，后来调去市场部，再后来升任副总裁，在你自己还没意识到的时候，人们已经开始向你请教管理经验了。

杰出的理论家萨曼特拉·戈沙尔（Sumantra Ghoshal）、克里斯托弗·巴特利特（Christopher Bartlett）和彼得·莫兰（Peter Moran）曾经说："社会对管理的两极评价让企业和管理者饱受煎熬。""少数人把管理者当英雄般膜拜，而大部分人根本就不信任他们。按照时下流行的说法，公司管理者就是好莱坞电影《华尔街》里的金融家戈登·杰科（Gordon Gecko）那样的人，把贪婪当作福音来宣扬，而公司都是'工作杀手'。"[7]

关于管理的负面报道一直很多。管理是多层次、多维度的，这是其魅力所在，也恰恰是难点。的确，很难一语道尽管理究竟是什么。管理是营销推广，制定战略，激励员工，安排预算，实施计划和兑现承诺。管理是一个复杂的、高度个性化的职业，现在更是贴上了全球化的标签，对人们的生活有着巨大的影响。

● 商业时代

1993年，在《金融时报》刊登的一篇关于IBM招聘新一任首席执行官的文章中，作者拟了这样一则招聘启事："诚聘首席执行官一名，条件如下：愿意承担世界上最富挑战性的管理工作；具有非凡的领导力；能够果断作出决策；能激励30万员工的工作热情；能赢得全世界数百万股东和客户的信任；最好对计算机技术有一定的了解。薪酬优厚，可面议。一旦聘用，可迅速获得全球知名度。穿白衬衫的人可以不用递交申请。"[8]

我经常在"战略管理"课上用到这则虚拟的招聘广告，希望学生领悟一个道理：国际企业聘用首席执行官时更看重候选人的政治能力，而不是技术能力。要获得数百万股东的信任，管理几十万名员工和超过很多国家财力的庞大预算，其工作难度绝不亚于，甚至足以超过很多高层政府官员。正如招聘启事里提到的那样，首席执行官和很多国家领导人一样备受瞩目，所以他们的决策和行为也同样受到公众的密切监督。

2010年10月，墨西哥城的一份报纸登载了一则新闻，称该市拟建立一座以商业领袖为主题的博物馆。这个独具特色的博物馆将陈列大量的照片、影片和相关文献材料，并设计互动环节，讲述墨西哥最卓越的企业家的故事。这些企业家将包括卡洛斯·斯利姆·埃卢（Carlos Slim Helú，电信大亨；世界上最富有的人之一）和尤金尼奥·加尔扎·萨达（Eugenio Garza Sada，墨西哥最负盛名的蒙特雷理工大学的创办人）。[9] 建馆的目的是希望树立榜样，培养新一代杰出的企业家。

博物馆是人们为了弘扬艺术、科学、技术、历史文化和文明进程而专门建造的殿堂，陈列内容几乎囊括所有的人类行为或者大自然活动。可是直到墨西哥城的建馆举措见诸报端之前，世界上尚无一所以杰出商业人士为题材的博物馆。而且，还没有任何类似于诺贝尔奖这样的全球奖项，用以表彰那些在创造财富或者管理组织方面做出杰出贡献的商业领袖。当然，有一些奖项是针对商业人士的，但都是表彰他们对慈善事业的投入和对艺术领域的支持，而不是嘉奖他们对商业和管理的贡献。为什么会这样？

我们知道，商业巨头大量涌现的时间并不太长。但是，广义上的管理概念其实早就有了，而且应用广泛，比如，为开展活动协调资源和组织人力等。恰恰因为这种普遍性，人们很少把管理真正当回事。

企业家同样不受重视。关于企业家职能和经济影响力的研究出现的时间也不长。约瑟夫·熊彼特（Joseph Schumpeter）应该算是第一位详细研究企业家的经济学家。他的"创造性毁灭"理论揭示了企业家在刺激投资和推动创新方面的重要作用。

管理的职业化

随着管理和商业逐渐发展成为一门学科，涌现了一大批教育机构，它们以培养管理者和商业领袖为目标，这就是商学院。20世纪上半叶诞生了首批商学院，越来越多的人由此开始研究企业家作为个体对经济变革的影响。商学院在研究经济理论和管理的同时，开始分析管理职能以及管理者与公司利益相关者之间的关系。

  第一批商学院是为了满足大型企业，特别是铁路企业的需求应运而生的。《精妙的实验：哈佛商学院发展史（1908—1945）》一书中提到了两个对促成哈佛商学院的建立有直接影响的人物：第一个人是乔治·莱顿（George Leighton），前哈佛大学学生。他在《哈佛毕业生文苑》上发表了一篇文章，认为应将铁路管理视为一门科学，并指出铁路企业的最高管理层需要多种多样的能力。莱顿认为，管理"是综合要求最高的职业"。[10]

  第二个人是创建了哈佛商学院的哈佛大学时任校长查尔斯·埃利奥特（Charles Eliot）。他为《大西洋月刊》撰稿时曾忧伤地说："我能为儿子做点什么呢？不管他以后继续做我这行还是干别的，我都希望他能接受到更实用的教育，为将来做更充分的准备，至少比我那会儿好。"[11]

  再来说说沃顿商学院。沃顿商学院主要是由约瑟夫·沃顿（Joseph Wharton）捐资成立的，因此专门以他的名字命名。坊间流传的一些关于他的轶事都表明，他当时创立沃顿商学院的一个初衷是希望"教学生在全球范围内保护美国的经济利益，就像他之前在华盛顿四处奔波提倡保护性关税一样"。[12]

  关于商学院办学目标的争论是正常的，也是有益的。同样，人们对管理目标的争论也从未停止过。但是，以哈佛商学院拉凯什·库拉纳（Rakesh Khurana）教授为代表的一些著名学者认为管理应该成为一门真正的"职业"，和其他一些受监管的职业一样，学习管理教育的人必须获得资格证才能从事管理工作，而且这种资格证还应设定有效期，到期后需要重新申请。那么，管理的职业化究竟会不会帮助管理人员更好地应对危机、遵从道德规范呢？

我认为，管理是一种工作，从这个意义上来说，管理是一种专业性的职业，不过不像库拉纳教授理解的那么严苛和狭隘。我们来看看支持和反对这种观点的人们是怎样评价的。

库拉纳教授认为，大学体制下的商学院，特别是哈佛商学院，成立的目的就是让管理者正式成为一种专业性的职业。他认为，专业性的职业就是"该职业与整个社会之间的契约关系，以及该职业的培训学校、行业团体和社会之间的特定关系"。[13]因此，商学院不仅要培养学生从事管理工作的能力，还担负着为管理职业正名的责任。

库拉纳教授以美国商学院为主分析了商学院的不同发展阶段，以及各阶段面临的挑战和发展方向的变化。他的结论是，管理已经丧失了职业化特征，相应地，管理者也没得到正式的认可。在他看来，大学体制下的商学院"本是为了给管理正名而成立的，可后来并没有按照最初设计的办学方向和理念推行管理职业化，所以反倒使管理变得非专业化了"。[14]

库拉纳教授认为，我们已经从"管理至上"（管理资本主义）发展为"投资人至上"（投资人资本主义）。现在，管理的指导原则已经成为即便对公司其他利益相关者不利，也要保证股东价值最大化："理想的企业高管已经不再是以前那种成熟稳重、关心公司和员工、值得信赖的形象，而是那些打破传统、鼓吹捍卫'股东价值'的人。"[15]

为了扭转这一趋势，库拉纳教授和哈佛商学院院长尼汀·诺瑞亚（Nitin Nohria）提出，所有MBA毕业生都必须参加考试，以考察他们是否了解管理的规范和标准，只有通过该项考试才可以获得从业资格证。资格证有有效期，持证到期后要重新申请。[16]

但是，在我看来，这种做法忽略了管理的真正本质。以行会为例，欧洲中世纪兴起的行会组织是一个很有趣的社会现象，也是现代行业和职业的起源。随着城市的扩张以及基于易货贸易的以金钱为驱动的经济的出现，行会的地位在13世纪得到了极大的提升。珠宝商、木匠、铁匠、玻璃工等由来已久的行业都在这个时期成立了行会。许多行会最初是基于专利证书或者与当地统治者达成的妥协而建立起来的，条件是行会必须同意向当局者纳税，并且在发生冲突时拿起武器坚决站在统治者一边。

德国的zünfte、法国的métiers、英国的手工业协会和西班牙的gremios都属于这一类性质。在行业协会基础上最终形成了职业教育，学徒们长期在师傅的指导和监督下学习技能。最初的行会是现代工会的前身，它们为会员提供最基本的医疗保险，有时还提供养老金。行会还是保卫森严的知识库，其拥有的技术专长仅对会员开放。行会在各自的专业领域奠定了最初的职业发展结构，发展了自己的技术专长。

随着时代变迁，有的行会消失了，有的适应市场经济的需求逐步发展为商会、专业协会（如医师协会、建筑师协会和工程师协会等），以及更成熟、更开放的贸易协会。然而，今天的一些专业组织——如律师协会——仍然保留着行会的某些特质，只是很多特权受制于超国家立法，比如欧盟于2006年颁布《服务业指引》[17]，意在推动建立单一的服务业市场，消除跨境障碍。

如今，越来越多的专业服务可以通过互联网进行交易，给服务设置跨国界的法律或者制度障碍会被视为保护主义和限制竞争的行为。

纵观历史，从未有过管理行会或协会。从这个意义上来说，管理从来没有获得正规职业的地位。除了商会或者行业网络以外，之所以没有建立其他管理者协会之类的组织，很重要的原因就是管理具有高度的灵活性，而且涉及的活动类型繁多、包罗万象，这在前文已经探讨过。试问，让医院的外科主任、律师事务所的合伙人、高科技公司的创始人和消费品公司的首席执行官建立自己的行会，真的有很大意义吗？他们都是管理者，其中有些人可能学过 MBA，可是他们的职业兴趣点除了如何管理预算和激励员工以外几乎没有别的交集。他们可能更希望深入了解各自的专业领域——医学、建筑、法律，然后把相关的技能、工具和理念应用于实际管理中。

管理几乎涉及社会的各个领域。仔细想来，任何形式的工作都离不开某种形式的管理。就像设计一样，只有当一些物品用不了时，我们才会意识到它们有缺陷。同样，当我们注意到在一些专业活动中缺乏基本的管理原则时，我们就能断定这些活动会管理不善。比如，医疗过程中出现人为错误，造成诊断失误甚至死亡；工程项目多次超预算或者无法按期完工——遗憾的是，这种情况在很多明星建筑师中太常见了。

所有的活动都离不开管理，这大大推动了管理研究的发展，新的商学院不断涌现，不同领域的专业人士纷纷决定攻读 MBA。更有不少社会学家因此推测，今后商科知识将和文学、数学一样进入小学的教学大纲。

然而，回到我们之前提到的问题：管理的应用范围极为广泛，恰恰因为这一点，很难将不同行业的管理者融合起来划归为一种区别于其他应用型职业且自成一体的职业。很多人提议将管理发展为一门常规的、受监管的职业，主要理由有哪些呢？

论据一：排除不合格者。很多时候，推行职业化的目的是阻止那些没有接受过专业培训、不具备相应技能的人进入某些行业和领域从事专业工作。以医学为例，职业化意味着医师必须接受足够的专业训练才能上岗。但是，实际经验表明，将不合格者排除在外，并不意味着有些患者不去寻求其他方式的医疗服务。还应该指出的是，维持职业标准也常常是为了阻止来自其他国家的专业人士获得认证，理由是他们的知识结构不同、尚未完成培训，或者他们所在国家的标准与我们的不吻合。

为了更好地分析这个论据，我们最需要确定的是不让哪些人加入专业组织，依据是什么。在这里，我得先说明一下，要想确定哪些人不能从事管理工作，这几乎是不可能做到的。就拿最能真实代表管理的企业家来说吧。企业家——不论男女——都不是循规蹈矩的人。有没有可能正式建立一套认证程序来规范企业家从事管理工作？是不是只有创办的企业经历时间的考验获得了成功，他们才能被认定为专业管理人士？或者，如果企业失败了，还让不让他们从事管理工作？答案是显而易见的：将企业家职业化是毫无意义的。有意思的是，几乎所有的商学院都宣称它们要培养企业家，但是这种将企业家职业化的做法只会把企业家吓跑。显然，维持职业标准或者排除不合格者并不能成为管理职业化的理由。

论据二：确保管理者具备必要的技能。这一点与上述内容紧密相关，认为管理职业化能确保组织领导人掌握任职技能。跨国公司倾向于招聘 MBA 毕业生，这说明在商学院的培养下，学生拥有了一定的技能和能力，成为成功管理者的几率更大。但还是有很多例外：成功的商业人士中有不少人并没有接受过正规的商业教育。过去获得的资质并不能保证一定能应付未来的挑战，这就是我反对"管理者必须具备某些技能"的说法的原因。也正因为这一点，商学院总是强调，管理者在职业生涯中应该不断地学习充电，这是成功的先决条件，对于企业家来说同样如此。

管理是人们在不断变化的环境中从事的"临床"职业，如同医生需要时常更新其知识和技能一样，管理者需要掌握最新的商业理论和概念，依据正确的标准来制定决策。今天的 MBA 课程内容已经与 20 年前的大相径庭。MBA 毕业生应该经常参加短期培训（比如每五年一次），坚持学习新的技能。只有确保管理人士定期更新技能，我们才能真正开始讨论管理的职业化。

论据三：有助于管理行业的发展。这是一种时下比较流行的观点，也是库拉纳教授观点的核心。他认为，管理的职业化不仅能推动商业伦理的发展，而且有助于管理行业的发展。也就是说，要像一些有道德规范的行业一样，让管理者向社会宣誓或者作出承诺。例如，执业律师在加入律师协会时需要签署道德守则。不过，和过去的行会相类似，律师协会的道德准则更多的是一些具体操作规范，而不是一些有更广泛影响力的价值观。

例如，《纽约州律师协会职业操守规定》[18]着重强调律师应当对客户负责。其前言中概述了律师的各项责任，明确指出"律师代表客户利益，是律政官员，对司法公正负有重要责任"。这里的"司法公正"需要在司法体系和程序规则下来理解，而不是抽象的或绝对的公正。通常，律师是为自己的客户和司法体系服务的，而不是为社会服务的。事实上，道德规范的权威性在很大程度上取决于对违规行为的惩罚力度。

即便管理不是受监管的职业，行为准则在整个商界也是普遍存在的。世界上大多数商会都制定了道德规范，设立了对违规者开除会籍的惩罚机制。许多企业，特别是跨国公司，都有行为准则。近年来，商业的行业自律发展得相当迅速和广泛。所以从这个意义上来说，我认为，即便管理最终正式成为一门职业，也并不会给行业自律带来多大帮助。

许多商学院有要求 MBA 学生遵守的行为准则。但是，如果试图像要求律师承诺捍卫司法公正那样，从超越创造经济和社会价值以及解决道德问题的角度去界定管理者的根本责任，可能会是一种看似有益却极具争议的做法。

论据四：对管理行为加以监管。还有观点认为，管理的职业化可以加强对管理行为的监管，这其实是出于保护主义，只是没有明言罢了。这个观点并不是特别有说服力。如果建立管理者协会或行会，那就一定会涉及颁发执业许可和资质认定，而要想获得这些从业资格证，就必须加入相应的协会组织。这样的解决方案对任何人都没有好处，也没有什么价值。以目前的情况看，至少在欧洲，职业化进程一般都需要建立一套监管框架，设定一些条件和限制。

我们要争取把管理打造成为最杰出、最崇高的工作。可是，我认为，管理的职业化不仅无助于此，可能还会起到反作用——很多工作和行业都已经放弃职业化。和其他教育机构相比，商学院还很年轻，但是在应对挑战时却更具创新力。只有像本书阐述的那样，通过提升研究、完善课程、培养教师密切关注实践，才能更好地满足社会对管理者的要求。

反对管理职业化的人还有很多，剑桥大学 Judge 商学院的理查德·巴克（Richard Barker）教授就是其中一位，他认为，"商学教育和职业教育在本质上有着巨大的差别：商学教育有助于提高学员的工作绩效，但是不能认定他们的专业资质。管理者的角色本就是宽泛的、变化的，很难确切定义"。[19]

总之，我们不能试图回顾过去来寻找答案，通过类似于恢复行会的方式来发展管理行业。相反，我们应该积极探索新的途径，让未来的管理更具创造性、更好地担负社会责任。

超越职业范畴

彼得·德鲁克被称为现代管理学之父，他深刻了解人的重要性。1934 年，他在剑桥大学上约翰·梅纳德·凯恩斯（John Maynard Keynes）的经济学课时，顿然领悟："凯恩斯和其他同学都热衷于研究商品行为，而我却对人的行为更感兴趣。"[20]

近几十年，商学院进一步完善了关于公司治理、首席执行官的角色、领导力特征等诸多理论，撰写了无数描写商界精英的传记和作品。管理是关于人的学问，所以根本不能受制于固定不变的专业结构。这种人的因素也对商学院的教学方式和教学内容有着深刻影响。

值得注意的是，哈佛商学院最先采用案例教学来教管理，这种教学方式着重强调管理者决策过程中人的因素，让学生认识到，创造价值或者破坏价值的绝不是当前的情况或者其他直接因素，而是人本身。大多数商学院很早就开始教学生从个人或团队的角度来理解管理，这和学习经济学理论一样重要。

但是，如果管理不是一种职业——这也是我认同的观点——那我们应该如何理解管理？更重要的是，我们应当怎样构建管理知识、提升管理教学？有一种答案是将管理教育等同为 MBA 教育。这种理解显然不对。管理教育远远超出一种正式的学位教育的范畴，它需要持续不断地将教学、正确的管理观念和价值观与实践经验相结合。如果没有接受过比较好的商学教育，在实际工作中确实很难进行有效的管理。同时，管理者还可以通过经常反思来吸取经验教训，提升管理水平。当今社会很缺乏像门罗·施塔尔那样的杰出管理人士。

美国总统约翰·F·肯尼迪在 1963 年遇刺当天为达拉斯准备的演讲稿中曾经提到："领导力和学习是密不可分的。"[21]关于领导力究竟是天生的、后天习得的，还是两者兼有，一直有很多争论，我在这里就不展开论述了。将来，随着生物技术的进步，人们会发现到底存不存在能够决定领导力的特殊基因。

与此同时，教育和培训似乎是培养领导力和管理能力的最佳方式。现在，领导者必须持续付出艰辛的努力来保持和提升自身能力，否则很难达到职业生涯的巅峰。领导者好像越来越渴望及时掌握社会和商业的最新发展情况，更好地预测未来。这是他们的职责之一。这反过来又要求他们不断学习，适应各种变化，大多数管理教育人士也是这样提醒他们的。我和不少企业的首席执行官交流过，发现他们都非常重视学习新的管理理念，而且在做决策之前往往会收集很多相关的信息。对他们来说，终身学习是不可或缺的。我曾经以为管理人员，特别是高层管理人士，都注重执行力和行动力，很少反思。现在我知道了，事实并非如此。的确，看看那些企业高管的日志就知道，他们每天的工作时间长达 17 个小时，而且大都是用来开会。只是，日志并没有体现他们还花了多少时间来准备会议和学习充电。

我曾有幸和著名的金融家、慈善家乔治·索罗斯（George Soros）谈过话，才知道他花了大量的时间博览群书以及与学界交流。索罗斯曾经是位学者，所以用他来说明管理人士求知好学可能不是特别合适，但是无数的研究都表明，成功的管理者在繁忙的日程中仍然花大量的时间用于阅读和学习。还有些研究表明，企业高管保持读书习惯的原因之一是因为他们感到高处不胜寒，而读书能让他们寻得静谧。C. S. 刘易斯（C. S. Lewis）有句名言："阅读是为了知道我们并不孤独。"[22]

◉ 未来的企业大亨

领导力和机遇、运气或者基因都无关。商学院的教育工作者在帮助未来的领导者反思固有观念和培养前瞻眼光方面发挥着重要的作用。

企业领导人需要承担大量工作，这些工作大都不是纯技术性的，而且往往需要政治技巧，所以他们特别需要跨学科的、不局限于管理领域的教育。管理者如果受过人文教育，了解其他文化，同时又具备良好的情商和人际关系处理能力，就能更好地领导有多元文化背景的团队，与广泛的利益相关者进行沟通，确定战略愿景，具备各种管理能力。

有趣的是，菲茨杰拉德的小说里对施塔尔的描述也证明，虽然首席执行官的经验和行业知识相当重要，但是一般来说，他们所担当的是政治性而非技术性的角色。"大亨"这个菲茨杰拉德用来描述其主人公的词源于日文 taikun，字面意思是"伟大的君主/王子"或"最高统帅"。

未来的企业大亨需要通过接受教育和培训来应对不断变化的挑战。但是，在展开未来蓝图之前，我们先来看看商学院在发展过程中面临的一些问题。

第 2 章
直面批评，走出危机

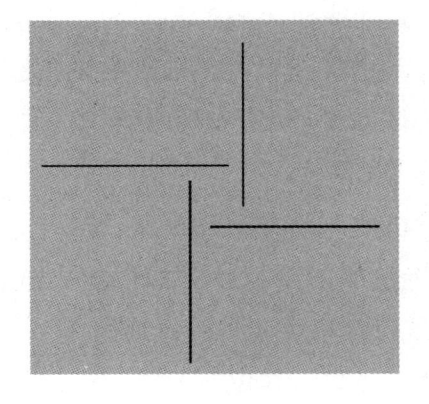

索尔斯坦·凡勃伦（Thorstein Veblen）是20世纪最伟大的经济学家之一，代表作是《有闲阶级论》。他将大量的个人财富投资在股市上，而此后不久美国经济便进入大萧条时期，所以损失相当惨重。1929年10月24日，凡勃伦逝世后的几个月，美国股市狂跌，华尔街股灾爆发。凡勃伦的故事警示我们，最天才的人物也有可能在股市狂潮中一败涂地。

近些年来，人们又开始幻想永久的昌盛繁荣。但是历史表明，经过一段时间无限制的增长以后，调整期往往接踵而至：《圣经旧约·创世纪》中说道，埃及法老梦见七头瘦牛和七头肥牛在河边吃青草，而约瑟夫对这个梦的解释无疑是最早的关于经济周期的理论之一。近年来，人们最普遍的失误包括盲目信奉无限制的增长，没有金融风险意识，金融体系缺乏透明性问题没有受到关注，以及奖励体系设计不合理，只注重短期收益，忽略企业长期生存能力，等等。

很多关于金融危机的评论文章都侧重于探讨这场危机是孰之过，而不是深入剖析危机本身，针对如何走出危机提出具体建议。商业领域的很多利益相关者——包括管理人员、银行人士、监管机构、评级机构、学者、专家、财经记者，甚至金融产品消费者在内——都目光短浅或者幻想经济增长能永远持续下去，所以不注意评估风险，并且对经济全球化背景下财务决策的复杂影响缺乏成熟的判定。

就像被海浪冲上沙滩的漂浮物一样，金融风暴过后曝光了很多犯罪活动和违规行为。金融行业遭遇严重的信任危机，而信任恰恰是金融业发展的基石。重建信任需要时间和巨大的努力。

与商业和金融界的其他主要利益相关者一样，商学院也必须为目前混乱的金融形势负一定的责任。反对这种说法就相当于否定商学院与真实世界的紧密联系。

虽然如此，但我并不认为商学院关于管理者责任的教育有失偏颇。而且据我所知，没有任何一家商学院教学生"贪婪无罪"——20世纪80年代，正是这个信条导致了垃圾债券危机的爆发。相反，过去十年，企业社会责任越来越受关注，不仅被纳入很多MBA项目的课程教学，也在很多大企业的实践中得到体现。但是，这些努力似乎还不够。许多企业并没有在企业文化中深刻植入社会责任意识，或者切实履行其社会责任；有些高管并没有遵循在商学院学到的金科玉律，因而造成企业管理不善；又或者，也许这是整个体系的顽疾，已经无药可救。另一方面，学生和毕业生即便学习了商业伦理和道义论，也不一定会在今后的工作中遵守道德规范。必须承认，医疗、法律等社会认可的行业也存在同样的情况，这就是现实。

2009年年初，《纽约时报》刊登了一篇批判商学院的文章，指出："鉴于经济形势混乱，很多金融机构倒闭，分析人士，甚至连教育工作者自己都开始质疑这次几十年来最严重的经济危机是否与商学院的教育方式有关。"[23] 几个月后，《哈佛商业评论》的官方博客上发表了一篇题为"如何整改商学院"[24] 的文章，呼吁人们探讨管理教育在后危机时代需要哪些变革。

哈佛商学院时任院长杰伊·O·莱特（Jay O. Light）总结说：

> 商学院应该承担一定的责任，但是导致危机的原因还有很多……经济持续增长时期，无论是高校教育还是整个经济都是不平衡的，人们很少关心系统风险，而是盲目乐观，光想着赚钱……但是，如果说商学院和MBA是造成全球金融危机的根本原因，那简直就是妄下论断、一派胡言，因为危机背后显然还有许多其他的错综复杂的因素。[25]

同年晚些时候，《商业周刊》在其网站上以"商学院应该为美国的金融危机承担主要责任。赞成还是反对？"[26] 为题发起了一场辩论。值得注意的是，作为非常有影响力的新闻周刊，它们好像认为这不是一个全球性问题，而是仅限于美国。赞成这一观点的有哈佛商学院的杰伊·洛尔施（Jay Lorsch）和拉凯什·库拉纳：

危机爆发之前，很多企业的高管人员都过于关注自己的利益，忘了自己是企业的看守人。所有从事商学教育的人都应该反思我们是不是助长了这样一种文化——高管们可以轻松赚走数百万美元，而他们所在的企业却成了烂摊子，整个社会都要为之买单。[27]

而麻省理工学院金融工程实验室主任罗闻全（Andrew W. Lo）则持反对意见：

这场危机凸显了金融体系日益增加的复杂性，也给商学教育敲响了警钟。商学教育需要一系列重大改革，包括从通识教育转型为专才教育、从发展熟人关系网转变为关注全球金融网络、从传授董事会策略到进行风险分析，等等。学生都是未来的领导者，教他们有效地、合规地防范金融体系风险，就有可能成功抵御最大规模的金融危机。这是商学院的任务，我们的努力只能增，不能减。[28]

● 管理者，非 MBA

金融危机引发了一场对商学院的质疑浪潮，而这并不是商学院第一次被架到火上烤。最直言不讳、坚持不懈地批评商学院的人或许是亨利·明茨伯格（Henry Mintzberg）。他是加拿大麦吉尔大学教授，世界知名的企业战略专家。明茨伯格曾批评说MBA项目培养的不是管理者而是MBA，而MBA和管理者完全不是一回事。[29]

他认为，管理既不是科学——连应用科学都算不上——也不是职业，而是一种艺术或手艺，经验、直觉和实践是学习管理的基础。在他看来，商学院在三大方面没有做好。

首先，招生对象不对。抱负满怀的MBA学生都是年轻的职场人士，缺乏学习管理所需要的丰富实践经验。明茨伯格于2004

年出版的《管理者而非MBA》一书中这样写道："（向没有任何管理经验的人传授管理学）就像和一个从来没接触过其他人的人谈心理学一样荒谬。"[30]一般来说，商学院招生时主要通过申请人在管理专业研究生入学考试（GMAT）中的成绩来考核其分析能力，而忽视申请人的工作经历，有的学院甚至把要求降至具有两年实习经验即可申请。另外，MBA报名者的学习动机也有问题：大多数人是想赚到更多的钱，获得更好的职业晋升机会；他们普遍缺乏引导和带领团队或者创造社会价值所必需的职业热情。

其次，MBA教学方式不合理。明茨伯格认为，大多数商学院采用的教学内容和教学方法都有悖于商学院承诺的教学目标。他们宣称要培养管理者，而实际在做的却是培养只能解决具体问题的专家，这些人缺乏对企业发展全局的理解和把握。明茨伯格也同样质疑商学院的整体教育。他认为，无论是斯坦福商学院、沃顿商学院或者芝加哥大学布斯商学院采用的"以学科为基础的教学方式"，还是哈佛商学院和其他一些进行案例教学的学院采用的"注重实践的教学方式"，虽然看起来各不相同，其实结果都是一样的。

虽然商学院的各种教学方法——比如，案例研究、商业竞赛，或基于真实企业的管理项目，等等——表面上显得实用性很强，但充其量也只是异常复杂的真实商业情境的缩微版而已。这样一来，学生学到的是一系列具体技能，比如有信心迅速做出决策、简化复杂的情况、解决技术问题，等等。他们很擅长制定战略，却不能实施解决方案。

最后，培养成果有问题。这一点可以说是最严厉的批判。明茨伯格认为，MBA毕业生往往盲目自信、心高气傲，只擅长解决会计、营销等单方面的技术问题，对真实企业情境的复杂性一无所知。

明茨伯格用这样一个公式来总结他认为的MBA的典型形象："自信－能力＝自傲。"[31]但是，明茨伯格所用到的一些统计数据——包括首席执行官拥有MBA学位的企业所创造的价值、商学院毕业生创办的公司情况、知名企业家中有多少人没有读过MBA——令人存疑，因为有些研究得出的结论恰恰相反。

不得不说，明茨伯格的很多观点都有道理。他书中的观点后来都被人借鉴和完善，而且过去十年来一直主导着关于管理教育的争论。他高瞻远瞩，所做的工作具有开创性，的确值得世人学习。例如，现在很多商学院在MBA招生选拔时都注重考察申请人的工作经历，将MBA项目与管理硕士项目区分开来，后者的招生对象是没有工作经历的应届生。至少在欧洲是这样。不过，我还是想结合自己在商学院的经验，谈谈一些不同的见解。

首先，我认为，没有企业工作经验的学生和年轻人的管理技能是能够培养的。比如工商管理本科项目或者管理硕士项目都是为应届生设计的，目标就是培养未来的企业家，这种教育环境可以激发学生的企业家精神。

正像《经济学人》的编辑阿德里安·伍尔德里奇（Adrian Wooldridge）评论的那样，人们对年轻的企业家存在很多误读，其中之一是把他们解读成——借用美国思想家和作家乔治·吉尔德（George Gilder）的话来说——"孤儿和遭到遗弃的人"。"他们是在一个充满敌意的世界里奋力抗争的独行侠，或者是在阁楼里闷头钻研出改变世界的小发明的孤僻怪才。实际上，创业和其他商业活动一样，都是社会活动。比起那些循规蹈矩的人来说，这些人或许更独立，但是往往也需要生意伙伴和社会关系网的支持才能获得成功。"[32] 在这里，他显然想到了史蒂夫·乔布斯（Steve Jobs）或者比尔·盖茨（Bill Gates），他们都选择辍学创业，所以常常被用来说明接受高等教育和成功创业之间没有必然联系。

明茨伯格认为只有具备一定的工作经验，从某种程度上来说也意味着达到一定年龄的人，才能真正具备管理才能并成为管理者。他的这个观点是我最不认同的。我认为对于那些培养年轻人的商学院来说，挑战之一就是要发掘有领导潜力的年轻人，很好地引导他们蕴藏的创新潜能，并创造机会让他们接触商界的相关人士。

其次，明茨伯格质疑商学院采用的案例研究、商业竞赛、模拟实验等教学方法没有什么效果，对于这一点我也持反对意见。这些教学方法的局限性——也可以说是优点——在于，学生在这些情境下所做的决策不会给商业实践带来真正影响。我想，用专门训练飞行员的飞行模拟器来比喻这些教学方法是最合适不过的了。

飞行模拟器的优点是即便操作不当，飞机也不会真出事。正因为如此，飞行员可以通过模拟器更好地为真正试飞做准备：他们能够学会处理在真实飞行体验中会碰到的许多问题和情况。明茨伯格对这种培训方式的批评让我想起了认知心理学探讨的一个小话题——"地图和地域"。地图尽可能详细地把真实地域描绘出来，但是绝不可能完完整整地呈现原貌。求知之旅也同样如此。我们需要地图才能知道怎样重建某个地域的地形，但同时又切忌把两者混为一谈。我同意明茨伯格所说的，有些教育工作者坚持认为案例研究等同于真实商业实践，这是认识上的误区。

不过，哈佛商学院采用的案例往往都在脚注中清楚地说明："哈佛商学院的案例仅供课堂教学参考使用。案例本身不能作为正式商业文件、原始数据来源或者管理有效与否的评判依据。"这个标注的用意之一是要提醒案例使用者，他们用的是地图而不是真实地域，不能把案例研究误当成真实的商业实践。

另外，高管培训项目的学员往往会在互动课程上交流个人经历。如果明茨伯格认为这些经历不符合事实，而且大都是凭借回忆、斟酌利弊之后说出来的，那就理解错了。据我所知，很多MBA学生甚至在毕业多年以后都认为案例教学对于处理管理问题非常有帮助。我想，案例教学等商学院采用的互动式教学方法虽然尚不完美，但应该是迄今最有效的讲授管理的方式。毕竟，无论是在管理工作还是个人生活中，我们的很多观点和决策都是参考他人的经历和体会而形成的。

实际上，明茨伯格的很多建议都已经被商学院采纳。商学教育是高等教育中最有活力、反应最灵敏的领域，重视批评和反思。由出版公司出版的关于商学院的反思性著作越来越多，这便是最好的例证。根据这些对教学方法和教学内容的评估，我们在教学中更加注重硬技能和软技能相结合，既培养学生的分析能力，又培养他们的情商。就管理教育而言，这关系到是培养学生的职业道德和社会责任感，还是侧重技术性，传授专业知识，抑或通过更具整合性的方法提升学生对商业实践的认知。

◎ 有则改之，无则加勉

商学院饱受诟病，这多多少少让人疑惑。如前所述，管理的应用领域相当广泛，是推动社会进步的重要力量。领导者是需要培养的，这已经为大众所认可。而且，现代企业已经成为当今时代最重要的机构之一。尽管如此，商学院的存在和运营模式仍经常受到质疑。

为了更好地展开分析，我将关于商学院的最主要的批评意见梳理为五类：其一，教学生在商业行为中贪婪无罪；其二，培养的毕业生傲慢清高；其三，毕业生不配拿高薪；其四，忽略金融风险；其五，忽视道德教育，助长不诚信和欺诈行为。

商学院是教育学生在商业行为中贪婪无罪吗？

这个观点认为，商学院所教的理论和模型诱导学生贪婪地索取。英国记者彼得·沃克（Peter Walker）在 2009 年《观察家报》的一篇文章中批评道："简单说来，很多 MBA 项目专门招收那些没什么商业经验而且怀揣私欲的年轻人，给他们灌输半生不熟的管理和金融理论，引导他们对自己的才能深信不疑，然后把他们推荐给投行和咨询公司，让他们在那里拿着不配拿的高薪。"[33]

沃克承认他的描述是语带讽刺，可是很多读者都相信他说的大都是真的。另一位严厉批评管理理论的是伦敦商学院的戈沙尔，他曾在一篇论文中提到："正是我们的理论和观点助长了如今我们正厉声谴责的管理实践"[34]，这篇文章在他去世后得以发表并引起很大反响。

戈沙尔认为，商学院所进行的研究和教学中使用的模型建立在错误的标准之上。管理被划归为社会科学，采用的方法论和假设有时被称为"物理嫉妒"（physics envy，即用量化的数学方法来发现管理中的规律和法则）。物理学科中因果范式和函数式范式占支配地位，社会科学则通过功能性来解释个人行为。戈沙尔认为，没有任何一种科学理论"可以解释有组织的复杂性现象"[35]，即企业。

戈沙尔认为，这种把管理学简化成一种物理学的做法，让学生们把全人类想象成一片"灰暗的景象"，就像"经济人"理论（homo economicus）*一样，认为人类行为的目的只是满足最基本的本能。与此类似，自由主义经济学的代表人物米尔顿·弗里德曼（Milton Friedman）认为，经理人的根本职责就是确保股东的投资回报最大化。这些观点催生了一种公司治理理论，提议增加独立董事，董事长和首席执行官分权制衡，授予高管期权，保证管理层与股东的利益一致等，从而有效地避免"代理人"风险。

简而言之，戈沙尔认为，这种对于人性和企业中的个人行为"灰暗"的假设造成管理理论对伦理道德视而不见。他提醒说："和物理学不一样，社会学科的理论能够'自我实现'。"[36]这样一来，管理理论和管理实践互相影响，形成恶性循环。

这些理论所宣扬的思想"融入经理人的日常思考和决策行为

---

* 一切行为都是为了最大限度地满足自己的利益，工作是为了获得经济报酬。——译者注

中"。[37]戈沙尔认为如果将安然公司事件和泰科公司事件放在这种大背景下来考量,就会觉得不足为奇了。

戈沙尔认为,要想解决这些问题,首先要认识到所有管理理论的背后都有一个理念或者意图:"社会科学家比物理学家承担更大的社会责任和道德责任,因为如果他们把科学当幌子隐藏背后的意识形态,那将带来更大的危害。"[38]他呼吁人们更积极地评价人性和公司经理人,企业要确立社会价值目标,不要只顾及股东利益,而应该考虑到更为广泛的利益相关者群体。他还引用了"积极心理学之父"马丁·塞利格曼（Martin Seligman）的话:"关注缺点的同时,应该多关注优点;弥补过去不幸的同时,要多想想如何在未来创造美好的生活;在为不幸的人疗伤时,别忘了满足健康人的生活诉求。"[39]

英国诺丁汉大学商学院的肯·斯塔基（Ken Starkey）教授也提出了类似的观点,认为商学院的教学内容和教学方式都需要调整:

> 一流的商学院需要开发一种新的语言和新的表达方式来证明它们能发挥的作用,而不再拘泥于金融和经济学的某种特殊形式。商学院应该扩展知识面,不要光顾着花费大量时间来总结历史经验教训……商学院应当培养学生们从国家利益和集体行动的角度思考问题,不要总是强调个人主义（即贪婪和自私）和市场的作用。[40]

斯坦福大学管理学教授鲍勃·萨顿（Bob Sutton）也回应说:

> 大多数理论模型和假设都让学生们深信:人性本来就是自私的。这些理论假定人们所生活的是一个狗咬狗的世界,人们总是踩着别人的肩膀往上爬,贪婪地觊觎和攫取个人利益。[41]

不少学者对戈沙尔、萨顿和斯塔基的观点提出了反对意见。芝加哥大学布斯商学院教授史蒂夫·卡普兰（Steve Kaplan）在回应萨顿（和波多尔尼（Podolny））的观点时说：他们"渴望的世界根本不存在"。[42]卡普兰认为，利己主义是人们生之俱来的，而且未来多年可能仍然如此。他还表示，商学院的杰出教学成果为整个世界做出了重大贡献，社会发展和经济发展经历了前所未有的高增长时期。

之前提到，戈沙尔认为商学院给学生呈现的是"灰暗的景象"，对此，卡普兰也提出反驳：

> 我熟悉的每一所商学院都增设了很多关于创业的课程和活动。比如在哈佛商学院，创业课是第一学年的必修课。最近，为了满足大量的学生需求，很多学院还专门开设了社会企业课程。实际上，我们有很多学生确实想改变世界。[43]

即便如此，就像欧洲工商管理学院前任院长弗兰克·布朗（Frank Brown）说的那样，在经济景气的那些年，很少有商学院毕业生对传统思维提出挑战："造成今天这种窘境的不单单是贪婪，还有缺乏自信。我觉得企业员工，其中可能包括商学院毕业生，往往因为不够自信而不敢提出尖锐的问题。"[44]

布朗认为正是出于不自信，安然公司或者世界通讯公司等企业的员工只会对他们上司的决策唯命是从。但是，MBA课程一直都鼓励学生们不要固守陈规，应当摆脱思维定式，对违背原则或者个人价值观的行动方案说"不"。

其实，人们对商学院的所谓"贪婪文化"的谴责过于严苛了。不过，我还是同意戈沙尔所说的，所有管理理论的背后都有需要解释的价值观和原则。管理是一种行动哲学：每一种管理理论都来自哲学。而且，每一名管理者都有意无意、或多或少地拥有与某种哲学相契合的世界观。即便观点相悖，其本身也是一种哲学命题。

这同样适用于领导力理论：领导力理论可以追溯至某个哲学运动或者思想流派。现代领导力理论的发展受益于19世纪以"上帝死了"的言论而闻名于世的德国哲学家尼采。尼采认为，社会中存在两种截然不同的道德观："主人道德"和"奴隶道德"。"主人道德"适用于社会的领导者，他们可以为自己创建独特的价值观；"奴隶道德"则适用于普通民众，他们把主人的行为认定为"邪恶"。同时，尼采也认为，主人是"超越善恶"的：他们坚持自己的原则，不像普通民众那样循规蹈矩，倡导中庸——真正的领导者正是如此。

19世纪80年代，尼采的一些作品被应用于管理领域，特别是关于领导力的研究：

> 包装一个人的性格是一门难能可贵的艺术！懂得这门艺术的人审视自己与生俱来的优点和缺点，然后结合优缺点进行艺术加工，直到一切都以艺术和理性的形式体现出来，连缺点也让人赏心悦目……只有内心强大、自信满满的人才能按照他们自己设定的规则来限制和美化自己，并且在这种包装过程中体验到最微妙的快乐。[45]

尼采的理论让我想起了19世纪80年代的一些小说人物，其中最经久不衰的两个经典人物分别是《华尔街》及其续集中的主人公戈登·杰科——鼓吹里根政府时期的信条之一"贪婪无罪"，以及汤姆·沃尔夫（Tom Wolfe）的作品《虚荣的篝火》中悲催的华尔街经纪人舍曼·麦科伊（Sherman McCoy）——在书中作者称此人为"宇宙的主宰"。这两个人物似乎都可以用尼采的"超越善恶"的说法来描述，不能用适用于普通人的标准来衡量。尼采的某部作品中有一段这样的话，也可以用来描述这些人物对生活的态度：

> 相信我！收获最大成就、获得最大快乐的秘诀就是生活在险境中！将你们的城市建筑在维苏威火山的山坡上，将你的船驶入浩瀚无涯的海域！与你的对手抗衡，不断地自我挑战！若不能成为统治者或者主人，不妨做一个掠夺者或征服者。如果你像躲藏在森林中的胆怯的小鹿一样裹足不前，时光将弹指而过。[46]

两部作品的最终结局非常相似。杰科和麦科伊都被逮捕并且受到了惩罚，都丧失了尼采所谓的"超人"身份。他们的结局蕴藏着深刻的道德含义，而现实生活中类似的情节也越来越多。

由于人们对公司及其董事的信息透明化要求越来越高，而且公司决策也密切受到公众监督，一些重大欺诈事件瞒不了多久就会浮出水面。全球最大的商业银行之一西班牙 BBVA 银行的董事长弗朗西斯科·冈萨雷斯（Francisco González）告诉我说，他要求员工时刻牢记，他的所有决定都可能在第二天就被媒体报道出来，这也是他的个人原则之一。这和沃伦·巴菲特（Warren Buffett）的经验法则如出一辙："我希望员工想想，愿不愿意看到自己的所作所为第二天登上本地报纸的头版。"[47]

过去十年来，商学院发展了一系列后现代领导力理论，这些理论抨击杰科和麦科伊的价值观，提出了商业领导者的新形象和新理念。这一时期，商业伦理重新获得普遍重视，同时也曝光了很多商业丑闻。搜一搜关于领导力的最新文献就能找到这种新理论的一些有趣观点。在这里，我举两个例子。

吉姆·柯林斯（Jim Collins），著名的管理专家和畅销书作家，提出了一个新的概念："第五级领导"[48]，这类领导者既具备传统的领导品质——坚强的意志和决心，又有一般认为魅力型领导无须具备的特点——低调谦卑、把功劳让给别人、自己承担过失。按照尼采的理论，后面这些特点都属于"奴隶道德"，不适用于那些通过推行自己的意志来施加权力的主人。而过去的管理理论也倾向于认为拥有这类特点的人多为下属，而非上司。

理查德·博亚齐斯（Richard Boyatzis）和安妮·麦基（Annie McKee）的著作《和谐领导》[49]也非常鼓舞人心。他们也提出了类似的"反尼采"论，为那些希望实现有效管理的领导者做辩护，认为要想具备持久不衰的领导力，必须培育警醒之心、希望之心和怜惜之心。

商学院助长傲慢心态吗？

商学院的第二条罪状是其培养的毕业生傲慢清高。"MBA 学生很少和'谦逊'一词挂得上钩。"[50]明茨伯格如是评价。一位管理教育分析人士在题为"前 10 强 MBA 项目的弱点"的文章中写道："问题不在于 MBA 的教学材料，而在于项目给学员们灌输的那种优越感。"[51]同样，曾在哈佛商学院读过 MBA 的记者菲利普·德尔夫斯·布劳顿（Philip Delves Broughton）也撰文写道，很多公司把太多权力给了"一群孤傲、自恋、只擅长制作电子表格和幻灯片的人"[52]，探讨这是不是造成金融危机的原因之一。

属于精英群体的满足感和清高自傲可以是同一种态度的正反两面。商学院当然希望培养学生的自豪感，一般分为三个阶段进行：第一，在招生和录取过程中，各个学院总是强调只录取最优秀的；第二，在项目教学过程中，作为精英群体的归属感被进一步强化；第三，毕业前后，学院鼓励学生们在就业时只关注那些高薪、高职位或者高地位的工作。

这种情感定位通过商学院的管理团队和毕业生一代一代地流传下来。杰弗里·普费弗（Jeffrey Pfeffer）在一篇题为"MBA 学生的自恋世界"的文章中评价说："那些顶尖商学院的学生就算在入学前还态度谦和，参加完一系列入学教育活动以后也很快会变得傲慢起来。他们首先学到的就是自己有多么成功、多么优秀。"[53]

不可否认，这些指责都是源于现实。包括高校在内的很多机构都秉承这种精英教育理念，即发掘和提升那些具有最佳教育背景和最优技能的人才。招生、奖学金发放、学业评估和择业等各个环节也都是择优选拔的。

有一些手段可以避免极端的精英主义，比如给予积极差别待遇，用其他方式考量人的特质，或者改变机构规章制度，等等，但是这些手段往往达不到预期效果，所以并不理想。当然，商学院不是唯一践行精英主义的机构，精英主义业已成为所有知名教育机构的文化特色。同样，报名者及其家人以及其他所有利益相关者也都希望搭上精英学校。

因为英才教育是很多院校的办学理念，教育工作者，尤其是商学院应当帮助学生树立真正的自信心，加强社会责任感，培养谦逊的美德。首先要做的，用普费弗的话来说，就是：

> 让招生主管在商学院入学教育时改改发言词，不要一味地给学生唱赞歌，而要在积极肯定学生优秀资质的同时，强调他们今后在学习和工作中应当承担的责任。[54]

商学院当然希望培养学生的自信心，以便更好地分析问题、确立目标和承担风险。这种自信也是未来成为有执行力的管理者的必备品质。但是，既要有充分的自信心，很好地领导团队和制定决策，又要稳重谦逊，避免盲目自信和不切实际。如何在两者之间找到平衡点，这对于教育工作者和学生们来说无疑是个挑战。

无论学些什么，最好从一开始就本着包容开放和稳重谦逊的心态。这对MBA学员来说尤为关键，因为他们经常需要和其他同学交流经验、互相学习。苏格拉底有句名言："智慧是让我们知晓自己不足的良药"，他的一些教学方法直至今日仍广为沿用。

我常常在学院MBA开学典礼上给新生致辞时引用苏格拉底的话："真正聪明的人是明白自己无知的人。"然后我会接着说，听到这席话，他们可能会有些困惑，因为MBA学生一般都对自己有很高的评价，都是从竞争激烈的选拔过程中脱颖而出的，而且都有非常体面的工作经历。

这群学生进取心很强，即将开始一段充满挑战的学习历程，而且要为此投入大量的时间和资源。我想，面对他们，刚才的欢迎辞最适合不过了。如果反复强调他们属于精英群体，想以此来培养他们的自尊和自信，那只会把他们引入歧途。

商学院还可以通过增加学生的多样性来帮助学生克服自满心

态。除了鼓励学生以开放和包容的心态接受新的观点以外，把文化背景、世界观和生活理念迥异的学生们组合到一起，能有效地避免滋生骄傲自大的情绪：学生们很快就会发现置身于多元化的环境，周围有很多学习对象，自己并不属于某个特别的精英团体。

MBA毕业生不配拿高薪吗？

商学院的第三大罪状——特别是在全球经济低迷的背景下——是MBA毕业生拿的薪酬过高。但是这其实和商学院没有直接关联，因为薪酬水平是人才市场供需情况的反映。尽管如此，研究表明，拥有MBA学位的人确实更可能获得高薪工作。

比如，美国金融专业人士协会2010年年报指出："拥有高学历的金融专业人士比普通学历者薪酬更高。拥有MBA学位意味着更多的高薪机会：2009年，拥有MBA学位的金融专业人士比拥有学士学位的金融专业人士薪酬平均高出24%。"[55]报告还显示，拥有MBA学位还是获得晋升的关键因素。

《首席执行官》杂志的一项调查表明，美国200家最重要的企业中，32%的首席执行官都拥有MBA学位。虽然占比不到一半，但是和其余那些没有MBA学位的首席执行官相比，他们的排名平均高出40名。[56]

当然，市场并不是决定MBA毕业生获得高薪的唯一因素。还有不少其他因素促成了高薪现象，比如商学院的排名情况。而反过来，商学院排名也与MBA毕业生的薪酬水平有一定的关系，比如《金融时报》和《福布斯》的商学院排名就将MBA薪酬作为考核指标之一。

很多人在报考商学院时会参考这些排名。将MBA薪酬纳入排名考核指标这种做法受到了一些教师的批评。诺丁汉大学商学院的肯·斯塔基教授认为野心和高薪之间的关系密不可分，指责一些排行榜"过于偏重加入这些'行业'的 MBA 毕业生累计获得的薪酬回报。现在，我们应该建立一套更合理的标准来衡量什么才是有效的、可持续的管理教育，分析其附加值有多大"。[57]

这一切都表明，无论是整个市场还是企业和用人单位，都相当重视拥有商学院教育背景的人才。但是，从我的个人经验以及与其他商学院的管理人士交流的情况来看，MBA 毕业生在找工作时除了工资待遇以外还看重很多其他方面。薪资的确是一个重要的考虑因素，对于某些人来说甚至是决定性因素，但是年轻的 MBA 毕业生一般都期望能有更多的个人发展机会，同时还会考虑企业的知名度、工作氛围、文化，以及是否提供学习培训机会等。

《财富》杂志的"最佳雇主排行榜"[58]在 MBA 学生中的受欢迎程度即是例证。该排行榜通过一系列指标来考量雇主资质，而不把工资水平作为唯一评选标准。另外，越来越多的 MBA 学生选择在毕业后创立自己的公司，创业初期，他们将面临很大的投资压力和各种成本支出，往往收入有限。一些 MBA 学生还会在毕业后专门留出一段时间从事公益活动。

同时，还有相当一部分毕业生决定去政府部门工作，希望在那里应用他们学到的管理技巧。杜克大学福库商学院院长布莱尔·谢泼德（Blair Sheppard）提到其商学院时说："五年来，希望在公共部门工作或者创立社会企业的学生人数增长了近 20 倍。"[59]

MBA 毕业生野心十足、急功近利、见钱眼开……这些都是误读。实际上，大多数毕业生都不是这样。他们在各行各业工作——而不仅仅是金融行业——在世界各国发挥着重要作用。

MBA 项目忽略金融风险等概念吗？

很多人批评商学院没有觉察到历次金融危机，也没能研究出分析金融风险的实用模型。我们所称的金融学还仅仅处于初级阶段。尽管第一批商学院早在100多年前就建成，但一直到20世纪60年代福特基金会和卡内基公司发表了两份重要的研究报告，各商学院才开始采纳报告中提出的建议，像其他社会科学一样系统地在各个专业领域深入开展科学研究。

和医学等其他社会科学和生命科学领域的教学相比，管理学才刚刚起步。被称为管理学之父的亨利·法约尔（Henri Fayol）和费雷德里克·泰勒（Frederick Taylor）的生活年代距今也才100年左右。当我们发现20世纪初出版的很多医学教科书仍然在推荐放血治疗高血压这种做法时，一定觉得不寒而栗。同样，当我们听到次级抵押贷款可以分散金融风险这种说法时，也一定会目瞪口呆。

管理学的历史相对较短，这或许可以解释为什么这个学科的很多理论尚不严密；不过大家更关心的是管理学在社会科学的框架之下未来将如何发展。近些年来，很多大型企业，特别是金融行业的大公司，都在企业内部成立了自己的研究部门。

例如，一些投资银行或者评级机构的分析部门发表了针对某些国家、行业或公司的重要研究报告，管理层常常根据这些报告来评估投资策略。鉴于提供研究报告的公司与被评估公司之间存在关联关系，这种内部研究有时候会因为不像自由的学术研究那样公正客观而受到指责。与此同时，很多高校的经济学系也在研究相同的内容，只是研究方法和研究手段有所不同。如果企业和高校能联手开展研究，或许能有助于防范金融危机，也能更好地了解真实的商业世界。企业的研究部门和高校相比，缺乏研究的独立性和方法的严谨性；而高校则需要在与商业实践更密切相关的研究领域中投入更大精力。

事实上，管理作为一门学科，有着非常复杂的研究对象：人们在组织中怎样互动才能创造价值。虽然经过一个世纪的发展，已经形成了一些可靠的管理工具、管理理论和黄金法则，但管理要真正成为一门科学尚需时日，而且随着时间的推移还会不断地衍生出很多不同的学科分支。比如说，最近出现了很多新的研究领域和研究方向，例如行为金融学——通过分析认知因素和情感因素来解释个体和群体的市场行为。纽约大学斯腾商学院的阿斯沃斯·达莫达兰（Aswath Damodaran）教授在反思金融危机的教训时说道："市场的崩盘和投资者的反应让我自觉惭愧，我发现自己对金融还有很多不了解或者完全看不明白的地方。"[60]这也真实地反映了管理学的复杂性和不断演化的特性。

保罗·达诺斯（Paul Danos）在2009年接受《经济学人》采访时表示，金融危机给人们的一个主要教训"不是道德败坏或者欺诈盛行，而是人们在面对从未接触过的极度复杂的问题时的心态不对。平日的实践很容易让人固守成规，形成思维定式。和人们聊一聊大型银行、美联储和监管机构的风险管理体制，你会很诧异地发现他们都固守着陈旧的模式和思维习惯，还试着把这些想法拼凑在一起，形成一套所谓全新的体制"。[61]

MBA毕业生缺乏商业道德吗？

商学院受到反复批评的最后一条罪状是在教学中没有足够地重视商业伦理道德。过去的确可能存在这种情况，可是近几年来，大多数MBA项目都专门开设了至少一个关于商业道德和社会责任的课程模块。此外，EQUIS（欧洲质量发展认证体系），AACSB（国际精英商学院协会），AMBA（英国MBA协会）等国际认证机构都将商业伦理纳入其评估标准。因此，MBA项目不教伦理道德这种说法根本不属实。

当然，商业道德的教育是否足够深入，还有待商榷——这也是关于未来要培养什么样的管理者的争论的焦点。还有一种比较有效而又微妙的方式，即不把伦理道德单列为一门课，而是把它糅合到所有的课程里面。美国阿斯本商业教育研究中心就推荐这种方式，其商学院排名——名为"超越灰色地带"[62]——的依据就是各学院如何将伦理道德和可持续发展问题纳入到教学中。

托马斯·派珀（Thomas Piper，《伦理道德是可以教授的吗?》的合著者）认为，教商业道德时，最有效的方式并不是通过关于领导力和社会责任的某一门具体课程，而是在整个 MBA 项目中贯穿对伦理道德问题的探讨。他列举了两个原因。首先，"在各个职能领域和组织的各个层级都会面临道德上的两难处境"。[63]其次，如果教师在上课时避谈道德问题，"那就不自觉地给了学生一个很强的信号，让他们以为伦理道德并不重要"。[64]是否能将伦理道德纳入商科教学的全过程，会在很大程度上影响其授课效果。

此外，讲授伦理道德时，务必和其他课程一样做到严谨性强、标准高。达特茅斯伦理研究所的执行主任安妮·多诺万（Aine Donovan）曾经质疑："总体来说，伦理道德教学会有助于抵制个人欺诈和勾结营私行为吗？"她给出的答案是否定的。"除非授课老师清楚地知道教授伦理道德的重要性，而且能采用正确的授课方式，否则还不如压根就不教。"[65]

MBA 学生也常常因为学习上的不道德行为而广受批评。2006 年，媒体上纷纷转载了一份关于舞弊行为的调查报告。该调查以 5 300 名美国和加拿大的研究生为对象，发起人是新泽西罗格斯大学的管理学和国际商务教授、美国学术诚信研究中心主席唐纳德·麦凯布（Donald McCabe）。调查显示，56％的 MBA 学生承认曾在上一年度有过舞弊行为，而其他专业学生的作弊比例分别为工程专业 54％、物理专业 50％、医疗保健专业 49％、法律专业 45％、文学专业 43％、社会科学和人文专业 39％。此前，美国学术诚信研究中心发布的调查结果也同样触目惊心：2005 年该中心调查了 60 多家美国大学的 5 万名本科生，结果显示，在大多数学校，承认有过舞弊行为的学生比例高达 70％。真实数据可能还会更高，因为有些学生很可能不愿意承认作过弊。

现在的学生和以前——比如 40 年前——相比是不是更倾向于作弊？目前还没有确切结论。不过一些分析人士认为，学生们可以轻松地在网上搜索到海量信息,而且虚拟社区一片繁荣,这些都推动了作弊现象的盛行。不管怎样,舞弊行为当然是不应该的。不过,我们断不能因此而质疑教育事业和知名高校的价值,这样做对遵规守纪的学生来说也是不公平的。虽然说要彻底杜绝舞弊行为几乎是不可能的——就像总会有人对伴侣不忠一样——但我们至少可以通过一些机制,让企图作弊的人不能轻易得逞或者付出惨重的代价。

为此,我们先要明确一个概念。通常,舞弊是不正当的行为,因为根据《牛津词典》的释义,舞弊是"以获取私利为目的、不诚信或者不公正的行为"。[66]但是,教师和教务人员还应当明确地告诉学生,最终损失最大的是作弊者本人:首先,作弊有损个人信誉,这种污点可能会伴随一生;再者——我个人认为最重要的一点——享受不到学习过程带来的种种乐趣。众所周知,在学习和探讨各种理论、观点和概念的过程中,我们享有的是思想的盛宴。学习是关系个人发展的最关键的环节,而且——我想,这一点应该和很多哲学家的观点一致——能让人乐在其中。那些想走捷径、自作聪明的人其实得不偿失。

我和同事们聊到唐纳德·麦凯布的调查结果时,一些同事说MBA课程的难度很大,有的时候要求过高,根本不现实。为了应付这些不切实际的要求,有些学生只好通过作弊来敷衍。还有些同事则提到,很多商学院流行一种文化,即为追求优异表现可以不惜任何代价,这样就更加剧了学生之间的不良竞争和不诚信风气——这也正符合戈沙尔的观点。

写到这里,我们已经探讨了管理的重要性,并且简要描述了商学院的发展历程。本章详细分析了商学院普遍受到的一些指责和质疑。我认为,这些批评有的可能有合理依据,有的却扭曲了事实,但都不会轻易消失。我想,也正是得益于这些质疑的声音,商学院才能更好地培养管理者。

第 3 章
培养更优秀的管理者

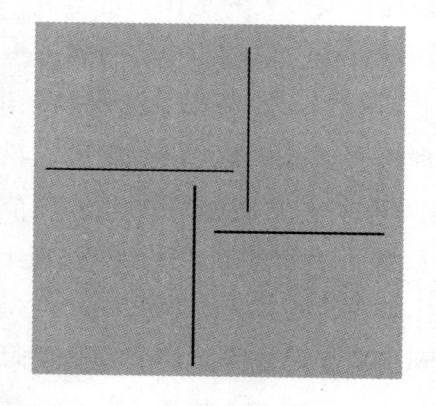

本书开篇提到了这个世界正需要优秀的企业家、优秀的管理者和优秀的商业领袖。那么，优秀的企业家、管理者和商业领袖应该如何定义？商学院应当怎样培养这样的人才？

我认为，现在要做的是重拾传统的道德观。

德行论（virtue ethics）是一种道德理论，强调行为主体的品质而非约束行为的规则或者行为产生的结果。这和另外两种道德理论——结果论（consequentialism）和道义论（deontology）——截然不同。结果论认为一项行为的结果或者后果决定该行为的性质是否合乎道德；而道义论则认为行为对错与否取决于行为本身的特性。这三种理论应用于实践时，主要区别在于分析问题的角度而非分析得出的结论。比如，结果论者可能会鉴于偷盗引起的负面后果而认为偷盗行为不道德，也有可能会界定偷窃没有造成负面影响，从而断定该偷窃行为并没有错。道义论者会认为无论结果好坏与否，偷盗行为总是不应当的。而德行论者则不会把重点放在偷盗行为与相关情境的关系上，而是侧重分析偷窃反映了偷盗者什么样的品质和道德行为。

德行论源自古希腊哲学家柏拉图和亚里士多德的著作，在古代和中世纪时期非常流行。德行论强调个人的品质而非规则，认为行为责任与个人的道德意识有密切关系，与法律法规如何解读无关。从本质上来说，银行家在做决策之前应该三思的是行为是否正当合理，而不是在现有法律体制下合不合规。多年前，我怀着对过去经验教训和未来无限机遇的深深敬意萌生了这种想法，此后便一直深植脑海，最近的金融危机更是让我对其笃信不疑。德行论对于现代管理有非常重要的借鉴意义，我将在下文中详细阐述。

◎ 管理者是社会结构的建筑师

首先要认识到的一点是商业环境和社会环境时刻在变化。在新的环境下，企业家将成为新的商业英雄——这些企业家要么创立新公司，要么带领大型企业甚至公共机构重振旗鼓，为社会创造财富。创新是企业家的天性，他们往往不按常理出牌。他们会建立一套自己的规则，不仅给社会带来改变，而且用全新的方式来组织和安排人类活动。脸谱（Facebook）、维基百科（Wikipedia）或推特（Twitter）等网站的创建就是最佳例证，它们给社会带来了变革性的影响。未来，企业家将成为新型社会结构的建筑师——以及推动社会进步的引擎。2009年《经济学人》上刊登的一篇文章评价说："创业理念已经成为主流，各党派领导人和有影响力的压力集团都提供强大的支持，高校和风险投资公司也为创业提供了很好的孵化条件，成就了一大批广受尊敬的商业领袖。"[67]

在这种情形下，我们可以给企业家和经理人哪些建议呢？首先，应当回归到最基本的理论和优秀管理实践的黄金法则。这些东西是很多企业家在商学院学过的，它们不仅是企业更好地制定长期发展战略，找到切实可行的价值创造方式，合理评估风险，制定应急计划所需要的，也是有效利用人力资源这个无疑是最有价值的公司资产，为带领企业不断创新进步寻找新的机会所需要的。而创新的有效方式之一是缩减成本和提高生产率，企业在遇到危机时更有可能采取这种方式。

但是，除了应急计划、增加产出、节省成本以外，我们还需要帮助企业领导人提高解决其他问题的能力，比如加强原有业务、更新产品和服务、开拓新的海外市场、把握采取多元化战略的时机、寻找战略联盟以降低运营成本，等等。商学院近些年有很多优秀的毕业生都具备这些能力，以下举几例说明。

IE商学院的MBA学生玛赛拉·托里斯（Marcela Torres）来自哥伦比亚，2009年毕业后，她回国创立了名为Prospéritas的小额贷款公司。她在入学之前就已经有丰富的行业经验：最初在微软就职，后来在酒店服务业工作，接着做了一名财务顾问，最后为政府工作,帮助退伍士兵重新融入社会。读 MBA 期间,她已经决定创立一家小额贷款公司,而且之前就专门做过相关考察。她找到几名志同道合的同学一起写了一份详细的商业计划,获得了 IE 商学院"2008 年最佳创业项目奖"。Prospéritas 是依据哥伦比亚法律成立的小型信贷机构,专门为低收入创业者提供小额贷款,仅限生产经营用。目前该公司只有几十位客户,但是其未来的目标是将客户规模做到数百万。按照托里斯的远景规划,公司不仅给创业者提供贷款,还将为他们提供一系列咨询服务和产品,协助他们的企业获得可持续发展。托里斯说小额信贷行业的风险并没有很多人想象的那么高:她的客户的还款情况比普通的贷款人好多了。她还表示,"市场空间非常大,超过了我们的预期,还有很多潜力可挖。市场竞争越充分,客户就能获益越多"。

小额贷款这个新兴业务还只是沧海一粟。现如今,MBA 毕业生都积极创新,希望打破陈旧的模式,创造更多社会财富。IE 商学院近几年的毕业生中有很多都在探索生物技术、可再生能源或者绿色产业等领域的商业机会。IE 商学院 2008 级 MBA 学生菲利普·波斯德(Phillip Pausder)是德国人,毕业后在开曼群岛创立了名为 TripleP 的公司,帮助当地一家手机运营商提高网内能源效率。TripleP 后来和另一家设在柏林的公司合并,新公司名为 CleanVenture,致力于为企业客户提供关于可持续发展的建议。

合并后的新公司将帮助客户企业在发展过程中兼顾可持续性和盈利性,通过为客户提供咨询建议,帮助其降低碳排放量和能源消耗,创造更大的价值,顺利实现业务转型。菲利普认为可持续性不应只局限于企业社会责任部门,而是整体管理价值观的核心;要想向客户企业推销可持续性的理念,最好让客户了解节省成本可以带来的回报。他认为这项业务有很大的发展潜力。CleanVenture 的首个任务是协助大型手机运营商为偏远的农村地区提供服务,为低收入消费群体提供更具竞争力的价格。

菲利普的新公司再次展示了真正的企业家是如何通过创新思

想来推动整个行业变革的，也给未来 MBA 毕业生的就业选择提供了有益的借鉴。以往，MBA 毕业生的主要就业方向是金融服务业和知名咨询公司。而现在，教育环境发生了变化，商学院培养的不仅有优秀的金融工程师或者管理技术人才，还有一大批企业家，他们都是优秀的世界公民。

还有一个 MBA 毕业生的创业案例可以为认知经济的参与者提供新的思路，那就是 IE 商学院毕业生伯纳德·尼斯纳（Bernard Niessner）和阿德里安·希尔蒂（Adrian Hilty）于 2009 年创立的 Busuu.com。这家 Web 2.0 公司的服务对象是有志于学习外语和提高外语水平的人。该网站拥有一个庞大的母语人士在线社区，没有采用传统的语言学习方式，而是利用其多媒体软件资料和语言交流平台来推广外语学习。2009 年，Busuu.com 获得"欧洲技术革新奖"（European Tech Crunch Awards）、"'永远在线'技术创新类全球 250 强"（AlwaysOn Global 250 Winner）等多项有分量的互联网奖项提名。2009 年 9 月，公司荣获欧盟委员会的"欧洲语言标签"（European Language Label），该标签是为表彰创新性的语言学习项目而专门设置的奖项，在业内享有很高声望。我想，经过一段时间的发展历练，这家公司或许能发展为全球领先的外语学习解决方案提供商。

● 未来的管理者

尽管发生了经济危机，但 MBA 项目的报名人数却不跌反升——这证明信贷紧缩并不会影响 MBA 的市场需求。商科仍然是高校最热门的专业，就业前景最好。《金融时报》专栏作家露西·凯拉韦（Lucy Kellaway）在《经济学人》"2010 年年刊"上评价说："今后，人们掏学费［学习商科］是为了学习实用的技能，而不是想买一张'时髦的专属俱乐部'的门票。"[68] MBA 的学习过程主要还是一种转型体验，培养学员成为企业家和富有创新精神的管理者。

管理仍然算是世界上最崇高的职业之一，可以促进经济增长、创造财富、推动社会发展，并且还能提供就业机会、鼓励创新、改善人们的生活水平。优秀的管理可以促进不同文明之间的融合和相互理解，是绝大多数社会弊病的最佳解药之一。在危机时期，社会迫切需要更多的企业家和更出色的管理。

◉ 培养管理道德与持续学习

培养完美的管理者不可能一蹴而就。优秀的管理者需要时间的历练，必须坚持良好的习惯和行为方式，积累丰富的行业经验，建立稳固的关系网络。要想实现卓越的管理，必须严格自律，付出艰辛的努力。光靠时间磨炼还远远不够，整个学习过程也是曲折艰难的。我想谈谈密切相关的两个方面：践行管理道德以及终身学习。此外，我觉得商学院也需要在人文和社会科学的大背景下整合不同的管理学科。

教育可以也应当是一种塑造个人的过程。有些人认为达到一定年龄之后就不可能再学习或者培养基本的性格特征了。我想这个观点依据的是过时的弗洛伊德理论，认为基本个性是在成年之前形成的，成年之后就不能再改变——更极端的甚至认为人的个性在母亲的子宫里就已经形成了。但是，越来越多的现代教育学家和心理学家认为，只要态度正确，很多技能和品质在成年以后也是可以学习和培养的。比如，《伦理道德是可以教授的吗？》[69]一书就此展开了详细探讨，访谈了数位哈佛商学院的学者，得出的结论是肯定的，年轻的管理者可以在商学院学到伦理道德。的确，商学院的教育理念是希望初级和高级管理者不仅能学到最新的商务工具，还能提升技能、塑造个性——当然，是向好的方面。

商学院可以提供一个宝贵的平台，培养优秀管理者所必需的优良品德，包括勤勉坚毅、善于自我管理、善于社交、好学求知、谦虚稳重、通晓常识，等等。比如，好学求知——开放包容的心态——是开启智慧之门，是拓展知识、实现自我和获得快乐所必需的品质。

这些优良品德并不是与生俱来的，而是通过反复训练而形成的有效的、良好的习惯。人们随时可以开始训练和改善这些习惯；接受管理教育也因此成为一种自我改造的体验。商学院应当怎样培养学生这些品德或者能力呢？用米开朗琪罗的观点来回答这个问题再合适不过了。这位伟大的艺术家认为雕塑家的任务是把多余的石头凿去，把既有的艺术形象从石块里解放出来。与此类似，教师的任务或许也可以解读为：释放学生的潜力。

培养品德——即形成性格的习惯或行为方式，不一定带有宗教意义——是古今社会教育的一个核心内容。在古罗马，年轻人要学习威严（dignitas）、虔敬（pietas）和德性（virtus）。[70] 威严是指承担的责任更大，言行举止就要更体面。虔敬是指对家庭、法律和传统的敬重。德性则包括勇敢、诚信和道德勇气等品性。古往今来，各国的军事训练也都重视德育。杰弗里·普费弗建议商学院向军事院校学习，把谦逊当作和纪律一样重要的行为准则，违规者需要受罚。

从亚里士多德开始，道德已经成为许多哲学思想的关键要素。当代哲学家伊丽莎白·安斯科姆（Elisabeth Anscombe）[71] 和阿利斯戴尔·麦金太尔（Alisdair McIntyre）[72] 进一步发展了这个理念。大多数伦理观都以康德（Kant）的"无条件的行为规范"或约翰·斯图亚特·穆勒（John Stuart Mill）的"最大幸福原则"为基础，有严格的原则规范。安斯科姆和麦金太尔则提出了一套更具弹性的道德理论，认为关于"如何生活"和"如何处世"的重要问题不能一味依从其他哲学理论提出的各种原则来理性地掌控，只有通过发现美德和践行美德才能得到最好的解答。我想，这个理论恰恰可以应用到优秀管理的教与学中去。

优秀的管理者是在整个职业生涯中磨炼出来的，他们需要不断提升基本的管理素养，包括自我认知、意志坚定、谦虚谨慎、高瞻远瞩等。学习曲线可以很好地说明这一点，管理者的品德是通过反复体验、提高认知敏感度、加强分析和评估能力、应用演绎推理而逐渐培养出来的，是长时间持续学习的结果。有些MBA项目试图给学生们灌输一些在任何情况下都适用的原则和方法。相比之下，我认为曲线式的教学方式才是最有实际效果的，当然也是难度最大的。毕竟，商业伦理这个领域太宽泛、太复杂，很难用少数几个案例就总结清楚，而训练和培养学生的品德能让这些未来的管理者更好地处理各种两难问题。

这些重要的道德理论也推动了积极心理学的发展。传统的心理学专注于心理疾病的治疗，而积极心理学则主张研究人类积极的品质，充分挖掘人的潜力，让生活变得更加丰富充实。克里斯托弗·彼得森（Christopher Peterson）和马丁·赛利格曼（Martin Seligman）这两位著名的积极心理学家合著了《性格力量与美德》[73]一书，探讨了幸福生活所需的六种最重要的美德。图3—1列出了这六种美德以及为了培养这些美德我认为在MBA项目中可以采用的方法。稍后的章节中我将对此展开详细论述。

只有将普通的课堂教学与一对一教学、个别指导、辅导和导师制等关注学生个体差异的教学方式相结合，才能称得上是真正的完整教育。这种注重个人体验的教学方式能照顾到每个学生的职业发展需求，帮助学生发现弱点、发挥强项，激发他们的美德。例如，欧洲管理发展基金会（EFMD）和Carrington Crisp咨询公司联合发布的一份题为"高管培训项目的未来"的研究报告指出："很多用人单位都采用个别辅导来提升学习的价值，这将成为高管培训客户为实现个人学习价值的最大化而越来越关注的领域。因此，个性化的学习方案今后将成为高管培训客户的重点需求之一。"[74]

商学院——引领高等教育变革 ● ● ● ● ● ●

《性格力量与美德》以及MBA项目的培养方法
（摘自2004年出版的彼得森和赛利格曼的著作）

智慧和知识：所有MBA课程、终身学习、互动式学习、在教学中融入新技术

勇气：课业压力、学生竞赛、创业课程

仁爱：社会责任培训计划、强调可持续性、团队协作、国际交流

公正：商业伦理、法律和领导力课程

节制：同学互评、360度评估、强调谦逊内敛、教师辅导和个人学习方案

超越：人文课程、开发设计思维、实习

图 3—1 《性格力量与美德》以及 MBA 项目的培养方法

资料来源：Adapted from Peterson and Seligman, *Character Strengths and Virtues*.

此外，我认为整合性的、更全面的教育也是必不可缺的。过度的专业化已经受到指责，这种教育模式会导致可怕的"隔离综合征"——学者只和同领域的同事交流，而学生只能片面地学习知识，视野狭窄。为了防止这种倾向，大学可以借鉴美国文理学院的做法，重视人文学科，将人文知识作为所有学位的核心课程，从而增强学习体验，培养心胸开阔、素质全面的毕业生。

以 IE 商学院为例，我们在 MBA 教学方案中引入了一系列人文课程作为核心课。比如，通过学习不同文明的发展史、欣赏现代艺术，我们相信学生能获得全方位的发展，今后成为具有世界公民意识的开明的管理者。

◉ 终身学习：贯穿管理者整个职业生涯的准则

管理需要与时俱进。虽然以前的一些金科玉律现在仍然用得

上，但是近年来，整体环境、制度规范、企业性质、风险评估方式等都已经发生变化，管理人员需要重新回到校园来学习新的理念、工具，更新他们的管理技巧。他们已经不能仅仅依靠多年前在MBA课堂里学到的知识了。和医学、建筑行业一样，管理是一种"临床"职业，从业者需要不断充电，学习新的知识和技能。此次金融危机或许给管理者敲响了警钟，提醒他们重回学校学习新知识、有效地改进实际工作。

所有的管理人员都应该奉行"终身学习"理念。一些作家和分析人士已经在强调这一点，欧洲工商管理学院前任院长弗兰克·布朗就是其中一位。他说，之前他在企业担任会计师期间为了续延注册会计师资格证，不得不完成大量课程。他提出：

> 我们商学院为什么不开发一套课程方案，为MBA校友提供继续教育呢？我觉得，可以为总经理设计为期一周的课程模块，从他们的MBA毕业时间开始计算，让他们每五年回来"进修"一次。课程可以围绕环境变化、金融产品、发展中国家问题等内容展开。我们还可以提供一系列"选修课"，为期一周左右，每位MBA毕业生都可以根据自己当前工作的职责、行业和地点等自主选课。刚开始，我们可以要求校友们每五年回来进修一次，每次至少上两周课，才能继续使用MBA这个名头。[75]

有意思的是，撰写此文时，沃顿商学院和哈佛商学院恰好宣布将大幅改革MBA培养方案——包括为毕业七年后的MBA校友额外提供免费的进修培训。其他商学院也会效仿此举。

企业以及相关行业和整体环境一样都在不断变化。同样，我们的人生也是多变的，大多数管理人员的职业生涯也是如此。随着医学的发展，人类的寿命不断延长，法定退休年龄推迟是大势所趋。这就意味着管理者将在整个职业生涯过程中体验到前所未见的深刻变化。为了适应新的环境，管理者需要不断充电学习，掌握新的技能。彼得·德鲁克预言说，因为成年人的人数将大幅增加,他们都迫切要求学习新的知识,所以今后,终身教育将成为高等教育发展最快的领域。而且,会有越来越多资深的管理者凭借丰富的经验和资源,在一些人类尚未开发的新领域成功创业。

◉ 商学院已经处于成熟阶段了吗?

由于商业环境变化多端,管理教育也需要不断地变革调整,这种状况学界人士有时并不太愿意接受。事实上,管理教育的变革并不只是其发展周期的某个阶段,而是整个商业模式都在变化。很多商学院的收入来源和以前相比不一样了,学生和企业客户的需求也不同往日,传统的销售渠道——教学项目的宣传推广以及知识的传播——也在改变,一些大型企业和"新型教育机构"也纷纷进军商学教育市场。商学院是高等教育的破冰者,其他领域的高等教育机构往往紧随它们的步伐前行。

有些评论认为北美的管理教育市场已经趋于饱和。比如,达特茅斯塔克商学院院长保罗·达诺斯评价说:"美国的市场已经非常成熟了,在各个地区,许多高校都开设了 MBA 教育项目,项目质量和项目声誉参差不齐。从世界范围来看,MBA 项目的实质增长将来自美国以外的国家和地区,其项目形式多种多样,包括两年制 MBA、一年制 MBA、在职 MBA、EMBA、远程 MBA,等等"[76](2008 年 1 月 25 日"院长寄语"博客,http://www.deanstalk.net/deanstalk/2008/01/paul-danos-in-w.html)。

美国市场的规模是全球最大的,能在最大限度上满足来自世界各地的学生需求。这种认为某个领域成熟饱和的观点的理论基础是——每个行业都是逐步发展的,一般包括起步、成长、成熟及衰退四个阶段。这种模型的主要优点是简明直观,但是也不乏弊端。约翰·斯托普福德(John Stopford)教授有句名言:"没有成熟的行业，只有成熟的企业。"[77]这就是为什么即便在成熟的行业，也仍然会出现创新，而且往往还会有新的企业诞生。

斯托普福德的话恰恰可以用来评价MBA市场的发展状态。那些认为MBA市场几近饱和的观点的主要依据是：提供MBA项目的院校众多、GMAT的报名人数趋稳、其他替代性教学项目造成威胁，等等。或许，真实的情况并不是MBA市场已经饱和，只是一些参与MBA市场竞争的商学院成熟停滞罢了。

我认为，MBA市场仍然有增长的空间，主要原因有四方面：其一，广义上来说，MBA还包括EMBA和专注于特定行业或学科的专业MBA等（如金融MBA、市场营销MBA），有课堂教学和在线教学等多种形式，十年来总体市场规模增长了不少，而且前景看好。

其二，商学院不妨考虑多招收一些女学员，这样能挖掘更多的市场潜力。和难度相当的法学、医学等项目相比，很多MBA项目的女学员比例要低一些。MBA项目的女学员平均入学比例虽然近年来有所增长，但是和其他学位项目相比仍然偏低（在顶尖商学院，女学员占比约为40%）。

其三，商学院还有很多机会招收更多的国际学生。比如，欧洲已经推行《博洛尼亚协定》（Bologna Accord），这可能是具有历史意义的发展机会，亚洲等发展更快的经济体更是蕴藏着巨大的市场需求。

最后，有些数据或许会产生误导。虽然根据美国研究生入学管理委员会（GMAC）的统计报告[78]，过去这些年GMAT考生人数的增长呈非连续性态势，但实际上很多学院在对申请人进行筛选时采用的是其他考核方式，比如学院自己的考试等。

◉ 管理教育：顺应时势

"这是最美好的时代，这是最糟糕的时代；［……］这是充满希望的春天，这是让人绝望的冬天；我们面前无所不有，我们面前一无所有……"这段熟悉的文字出自狄更斯的世界名著《双城记》的开头部分。和小说的背景法国大革命时期以及狄更斯本人所处的时期一样，这段话在今天看来仍然显得如此矛盾。

可以说，每个世纪都会有一场打上时代烙印的革命，我们或多或少可以真切地体会到自己目前也在经历着这种革命：社会正在发生重大转型，在多重因素的影响之下，一个全新的社会模式正在形成之中。具体而言，这些因素包括经济危机、科技发展、年轻一代思想特点和价值观的变化、全球化和本地多元化的相互作用，等等。因为身处这场漩涡的中心，许多管理人员深感不安和焦虑。与此同时，目前的大环境也提供了一个宽阔的舞台，在这里，真正的领导力是经得起考验的，管理者可以寻找新的机遇或者让所在的企业重新焕发活力。借用达尔文的话来说，这是一个适者生存的时代；或者说，这个时代孕育着能更好地适应环境的新玩家。危机时代恰恰给很多企业家和创新者提供了土壤，谷歌等很多知名大公司正是在逆境之中应运而生的。套用狄更斯的话，最糟糕的时代也常常孕育着最美好的时代。

在这个充满挑战的新世界，商学院需要培养的不仅仅是出色的金融工程师或者卓有成就的管理技术人才，还有具备很强责任感的世界公民。因此，我将接着探讨一些办学举措，希望帮助商学院的院长、项目主管和教师更好地应对将来的危机、更有效地履行学院的使命。

商学院应当与相关各方，尤其是政府部门，建立良性的互动关系。未来，政府将和监管机构、股东、投资者一样在经济中发挥至关重要的作用。眼下，政府在经济中扮演着越来越积极的角色，而且在可预见的将来，管理领域将在结构和文化上发生诸多变化。因此，商学院必须寻找企业与政府之间关系的新模式。公私合营机构可能会给科研、教学和咨询提供很好的机会，也可能成为MBA毕业生就业的好去处。

在这里，我总结一下本章及本书第Ⅰ篇的内容。无论现在的心态是否平和，学管理的学生以后一定要摒弃优越感或者自傲情绪。如果管理者能行事低调谦逊，并且具备良好的社会服务意识，管理将成为一门崇高的职业。我们需要的是真正的领导者和优秀的管理者，他们会持之以恒学习新知识；出色的管理也就意味着诚信管理，别无其他。

第 II 篇

今天面临的挑战

- 第 4 章　变化的版图
- 第 5 章　网络教学
- 第 6 章　利益相关者的国际化
- 第 7 章　知识的熔炉

第4章
变化的版图

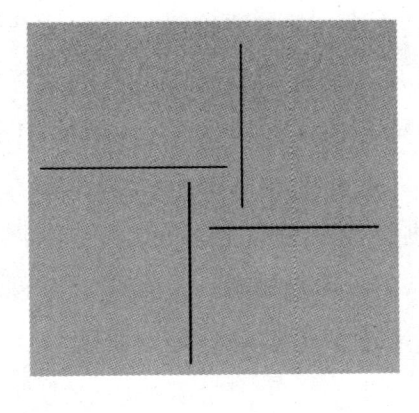

1976年,葡萄酒商人史蒂芬·斯珀里尔(Steven Spurrier)在巴黎举办了一场品酒大赛,当初的用意是想凸显法国葡萄酒在业界不可撼动的王者地位。参加比赛的是来自法国和美国的顶级酒庄,分成红白两组一一对决,红葡萄酒选择的品种是赤霞珠,白葡萄酒选择的是霞多丽。因为评委都是法国人,所以大赛采用了盲品的方式,每位评委在品鉴时并不知道样酒出自法国还是美国。当时,所有的人都认为法国葡萄酒夺冠是毫无悬念的。然而比赛结果却大出所料,美国葡萄酒力压法国葡萄酒,夺得红白酒两组的桂冠。而且,在评选出来的前十名红酒和白酒中,有六款来自加州的酒庄,只有四款出自法国。乔治·泰伯(George Taber)在其《巴黎评判》[79]一书中评价说,这次大赛开启了葡萄酒业的全球化进程:这是一场葡萄酒新旧世界的龙虎之争,新世界首次打败了旧世界,而且还是法国品酒专家评审出来的结果。

葡萄酒源自欧洲,而商学院则在20世纪初诞生于美国。《金融时报》或许可以比作商科教育领域的《巴黎评判》。2010年,《金融时报》的全球MBA项目排名——商学教育领域的"红葡萄酒"组——把第一名颁给了伦敦商学院,紧随其后的是沃顿商学院;而在此之前的数年中,沃顿商学院一直独占鳌头,把哈佛商学院甩在后面。而且,排名前十的MBA项目中有四个来自美国以外的院校。与此同时,根据《金融时报》的全球EMBA项目排名——"白葡萄酒"组,排名榜首的是西北大学凯洛格管理学院与香港科技大学工商管理学院联手推出的中美合作办学项目,而且前十名中,有六个来自非美国院校或者是美国商学院与海外商学院的联合办学项目。商学教育虽然起源于美国,但是《金融时报》的最新排名体现了商学教育的全球化。《金融时报》商学教育专栏主编德拉·布拉德肖(Della Bradshaw)的一段评论反映了美国商学院不再一枝独秀:"《金融时报》从1999年开始推出MBA项目排名,当年,排名前25的商学院中有20所来自美国,5所来自欧洲;而2010年,只有11家美国商学院排在前25名,剩余院校中有 11 所是欧洲的商学院，3 所是亚洲的商学院。"[80]

实际上，商学院的全球化进程早在 30 年前就已经开始了。全球化已经渗透到经济和其他社会活动领域，也是近几十年来高等教育发展最重要的驱动力。

包括商学院在内，整个教育行业都处在一个重大的转型时期，受到三大趋势的深刻影响，即全球化、新技术的发展，以及知识性质的变化和知识创造、知识传播的丰富来源。本书第 II 篇将逐个分析、探讨这些趋势是如何重新勾勒教育行业版图的。

首先，我想介绍一些影响教育发展格局的流行趋势——特别是受其影响已经萌生的一些新的教育模式，然后提出一些传统商学院可以通用的战略，希望能帮助这些学院提高全球竞争力。

◉ 多个趋势塑造新的学习曲线

从市场导向、课程改革、治理模式和新项目的开发等方面来看，商学院应该算得上是高等教育中最活跃的领域。目前，影响商学院发展格局的趋势主要有五个：

1. 竞争愈加激烈，项目日趋商品化。受其影响，商学院需要寻求项目的差异化。目前，商学院的竞争是全球性的。一来，可供学生选择的国际性项目大量增加；二来，MBA 项目、EMBA 项目、高端管理项目、在职进修培训项目等越来越标准化。这就意味着商学院的各类教学项目变得更加同质化，更适合横向比较。因此，商学院必须坚持差异化策略，充分挖掘项目特色，以求在激烈的市场竞争中胜出。

项目的标准化是指各项目有一系列共通的特点或者规范。比如，想参评《金融时报》排名或者申请国际认证的 MBA 项目都要求报名者必须有一定的工作经验。

与此同时，商学院也纷纷放眼全球，积极寻求项目的差异化。比如，有些院校开设了专业 MBA 项目，或着眼于医疗、能源、电信等特定的行业，或侧重金融、供应链管理等管理职能；有的学院则努力探索新的项目形式，如面授和网授相结合等。

2. 多极竞争。几年前，美国还在商学教育领域占据着统治地位。而现如今，商学教育已经成为一个多级化的行业。商学院要想在全球竞争中赢得立足之地，就不能只顾着吸引留学生到当地的校区学习，还需要考虑在其他国家和地区设立教学点。

世界银行行长罗伯特·佐利克（Robert Zoellick）经常谈到全球经济正在朝多级格局转变。[81] 埃森哲咨询公司也用"多级竞争"一词来描述跨国公司的发展之路。[82] 来自新兴经济体的跨国公司持续增多，这正是多级世界的体现。2005 年，《财富》杂志发布的世界 500 强企业中有 16 家是中国企业，而 2010 年，中国上榜企业的数量已经增至 46 家。[83] 此外，近年来亚洲等新兴经济体的商学院数量也在稳步增加，其中跻身《金融时报》全球排名以及获得国际认证的学院也越来越多。[84]

3. 大学体制下的商学院发展势头良好。时下，大学体制下的商学院发展迅猛。很多商学院——即便隶属于某所大学——传统上一直作为独立的机构运营。哈佛商学院的院址名为"战场"（Soldier's Field），与哈佛大学的主校区中间隔着一条查尔斯河，是商学院在日常运作和地理位置上独立于所隶属的高校的典型代表。大多数美国商学院都只设有研究生项目，享有相当大的自主权。欧洲的商学院则更为独立。例如，欧洲工商管理学院和瑞士洛桑国际管理学院都是由商业人士创建的独立的私立院校。而在法国，几乎所有的知名商学院都加入了法国精英院校体系（Grandes Écoles system）*，一般由当地商会资助。

不过，全球化的兴起对商学院的独立运作模式开始产生质疑。近些年来，越来越多的商学院开始与校内其他院系加强合

---

* 法国教育体制的特色之一，通常都是独立于公共大学教育构架之外的高等教育机构，包括商学院、工程学院和政治外交学院，均不受法国教育部管理。——译者注

作，追求协同效应。牛津大学赛德商学院前任院长科林·迈耶（Colin Mayer）曾经对我说，现在是大学下的商学院发展的大好时期。华威商学院院长马克·泰勒（Mark Taylor）在接受《独立报》采访时表示，他的"目标是把学院打造成欧洲顶尖的以大学为基础的商学院"。[85]

商学院不断加强与本校其他院系的合作，特别是近年来，越来越多的商学院联合医学院、法学院、工程学院等校内单位推出了双学位项目或者联合培养项目。将来，这或许会启发更多的商学院在加强研究生项目的同时，推出一些本科项目。

商学院在所在高校扮演着越来越重要的角色，在创收、招生人数或者项目好评度等方面给校内其他科研和教学单位提供了基准。商学院对学校的贡献日益突出，这也可以平息一下社科领域其他院系对商学院的不满。

4. 多元创新。这是影响商学院发展格局的第四个要素，苦于找不到更合适的词，暂且就用"多元创新"（hybridization）来表达吧。可以预见的是，商学院将尝试推出许多新项目，在教学方式上也会推陈出新。具体举措可能包括：

● 跨学科课程（在管理教学中融入设计学、人文、心理学、生物学等学科知识）；

● 同时关注私营部门和公共部门，开设公共管理硕士项目（MPA）；

● 注重技术在教学中的应用，丰富教学形式（面授、网授、远程教学等）；

● 整合学术型教师和实践型教师资源，特别是在有管理学博士学位的教师资源紧缺的情况下；

● 改善MBA学生结构，增强文化多样性，提升学习体验；

● 提供双学位项目、联合培养项目、交换项目、短期交流项目等，让学生在海外生活，体验多元文化。

5. 扩大办学规模。因为面临激烈的国际竞争，商学院需要设法扩大办学规模，从而更好地在全球市场布局。为此，和其他跨国机构一样，商学院需要在教师、科研或者设施方面投入大量的资源。商学院需要通过在海外设立校区来扩大国际影响力，其所需要的资源和资金支持要么来自当地政府，要么来自与当地合作伙伴合作。

另外，商学院也可以考虑并购其他院校。虽然在商业领域并购是十分常见的，但教育机构的并购以前一直被视为禁忌。直到最近十年，欧洲高校，尤其是欧洲商学院掀起了一股并购热潮，只是并购双方大都来自同一个国家。

● "新的"曼彻斯特商学院（Manchester Business School）：2004年，曼彻斯特理工大学旗下的管理学院、创新研究所，与曼彻斯特维多利亚大学旗下的会计与金融学院，以及"老"曼彻斯特商学院合并而成。*

● 堤亚斯宁堡斯商学院（TiasNimbas）：荷兰最大的商学院，由堤亚斯（Tias，一家私营有限责任公司，荷兰提尔堡大学和荷兰埃因霍芬理工大学分别持有其80%和20%的股份）和荷兰乌得勒支宁堡斯大学合并建成。

● 阿尔托大学（Aalto University）：2010年1月1日，由赫尔辛基理工大学、赫尔辛基经济学院与赫尔辛基艺术设计大学合并而成。

● 亨利商学院（Henley Business School）：由独立的亨利管理学院（前身是行政管理学院）与雷丁大学商学院合并成立。

将来，在私营和公共领域还会出现更多的并购案例，而且，如果相关法律限制得以解除，并购现象将更为普遍。就公共机构而言，更多的商学院和高校将通过兼并重组、精简教学项目来寻求协同效应和规模效应。比如，英国一直以来率先在很多领域推

＊ 2004年10月1日，曼彻斯特维多利亚大学——通常简称曼彻斯特大学——正式与曼彻斯特理工大学合并，统一更名为"曼彻斯特大学"；合并前，曼彻斯特维多利亚大学的商学院也名为"曼彻斯特商学院"。——译者注

出改革举措，很多国家会相应效仿；很快，英国将掀起高校的并购潮，首相卡梅伦领导的联合政府已经在大刀阔斧地进行教育改革，而且《布朗评估报告》[86]中也明确指出大学合并将成为一种趋势。

上述这些趋势都将加剧国际和国内的竞争，并迫使商学院采取新的措施来适应不断变化的环境。现在的商学教育已经远远超越了传统的学术边界，出现了很多新的办学机构和教学模式，正在改变着游戏规则和很多的基本认知。接下来，我将对这些新的现象具体展开分析。

新型机构："大型教育零售商"

过去 20 年，商学院和管理学院的数量和种类持续增加。这些学院，有的依托于高校，有的则独立运营，后者即属于新型商学教育办学机构，虽然其使命各有不同，但都专注于教学和知识的传播，而非学术研究。

这些机构的楼宇一般都是私有或合伙持有，有的甚至是通过从国际金融市场筹资建成的，所以通常统称为营利性教育院校。

不过，按照营利性来分类其实不太合适，并不能概括新型院校的独有特色。比如，由 133 家高校组成的英国大学联合会在 2010 年年报中指出："现在，英国几乎所有的非营利性高校都以商业性的方式运营，其资助方往往希望它们的收支相抵能有所结余，以便扩大办学规模和进行基建投资。"[87]

报告还提到，很多知名高校都已经涉足商业领域或者成为投资基金的客户——至少在捐赠资金的运作方面是这样，也就是说，这些高校的办学成果和办学活动需要接受标准普尔和穆迪等评级公司的评估分析。按照目前的情况，结合这些高校的战略使命来看，把它们界定为营利性或者私有性质并不能确切反映其价值或者本质。

这就是为什么我更倾向于把那些侧重教学、学员众多、采用在线授课、课程含金量高、有的还设有海外校区的机构统称为"大型教育零售商"而不是"营利性教育机构"。表4—1列举了一些典型代表。

表4—1　　　　　　　　　　大型教育零售商

	收入/净收入（百万美元）	学生/国家	股票代码/市值	旗下品牌	雇员/教师
阿波罗（Apollo）	4 926/568	315 350（2005）2010：凤凰城，470 800	纳斯达克：APOL 62.8亿美元	凤凰城大学、阿波罗全球公司（2007年与另一家公司合资10亿美元成立）	(2010)；22 220（雇员）35 194（教师）
劳瑞德（Laureate）	1 420	550 000；21个国家，55所院校	未上市，2007年收购价（估）13亿美元	共50所院校，详见公司官网	28 500（雇员）
德瑞（DeVry）	1 915/280	80 000+	纽约证券交易所：DV 37.1亿美元	凯勒管理研究生院、贝克尔职业教育公司和德瑞公司	10 009（雇员）
卡普兰（Kaplan，华盛顿邮报集团的子公司）	4 569/91	70 011（在线校园）	纽约证券交易所：WPO 37.6亿美元	卡普兰高等教育、卡普兰应试、卡普兰国际、卡普兰风险投资	全职：15 000（雇员）兼职：19 000（雇员）
卡佩拉教育公司（Capella Education Company）	(2010) 114.7/17.9	38 000（纯网络教育）	纳斯达克：CPLA 8.988 8亿美元	卡佩拉大学	1 358（雇员）
科林斯学院公司（Corinthian Colleges, Inc.）	1 764/146	86 000	纳斯达克：COCO 4.296 1亿美元	珠峰学院、怀俄明理工学院、Heald学院	11 500（雇员）
斯特雷耶教育公司（Strayer Education, Inc.）	512/105	54 000	纳斯达克：STRA 18.1亿美元	斯特雷耶大学	334（雇员）

续前表

	收入/净收入（百万美元）	学生/国家	股票代码/市值	旗下品牌	雇员/教师
教育管理集团（Education Management Corp.）	2 508/168	158 300	2006年收购价（估）34亿美元，2009年重登纳斯达克：EDMC；25.4亿美元	阿尔格西大学、布朗麦凯学院、艺术学院（多个校区）	13 400（雇员）
ITT教育服务公司（ITT Educational Services）	1 590/374	80 000	纽约证券交易所：ESI 20.4亿美元	丹尼尔韦伯斯特学院（DWC）、ITT技术学院（多个校区）	5 500（雇员）
BPP控股股份有限公司（BPP Holdings，2009年第四季度被收购，成为阿波罗集团旗下的公司）	251/亏损（186.6）	有5 500多名法律专业学生	2009年被阿波罗全球公司收购，从伦敦证券交易所退市	BPP职业学习大学学院、BPP、BPP法学院、BPP商学院	

衡量这些机构对社会的贡献的最佳方式，是看其所开展的活动及其项目利润如何使用。然而，社会——主要是学界——对这些独立院校颇有非议，指责它们"导致教育商业化"，这实在令人费解。

对这种办学模式提出质疑的人一般认为，教育和教学不应该受到经营效率、市场导向——很多教育机构的特点——等商业标准所限，因为教育是一项基础的、公正的社会事业，这样做可能会让人曲解教育的含义。在他们看来，学术机构不应该成为教育界之外的利益相关者牟利的工具；只有保证独立性，才能在创造知识的时候保持中立和公正。

诚然，营利性的商学院参差不齐，其中有很多院校质量不高。此外，美国曝光了一系列关于欺诈性招生流程和滥用联邦政府助学金的丑闻，这对形象欠佳的营利性高校来说更是雪上加霜。《纽约时报》于2010年8月刊登了一篇关于"佩尔助学金欺诈事件"的报道，涉及在2010年获得40多亿美元联邦政府资助和200多亿美国教育部贷款的众多营利性院校。[88]

然而，珍妮弗·沃什伯恩（Jennifer Washburn）在《大学公司：企业如何腐蚀高等教育》[89]一书中指出，一些高校也会屈从于企业的商业利益，这些企业通过技术转让的方式资助大学开展科研活动。沃什伯恩认为，如果研究内容和研究方式都为商业利益所控，那么高校的诚信将岌岌可危。不过，她忽略了一个关键要点。除了"保证科研的纯粹性"以外，高校，特别是商学院，作为知识的创造者，必须在研究中着眼于解决社会问题。在市场体制下，企业恰恰是发现社会需求、满足社会需求最有效的一个渠道。

另外，很多大型教育零售商或者营利性高校在高管培训等高等教育领域发挥了积极的作用。很多院校坚定地履行着自己的使命，即专注于教学而非科研。因为专注于教学，它们提供的课程比其他教育机构更优惠，从而能惠及更多公众，为各行各业的人士提供终身教育。

如前所述，至少从已有的各类教育项目来说，按营利性和非营利性来分析教育市场并不见得是最贴切的方式。凤凰城大学的母公司阿波罗教育集团（Apollo）、卡普兰集团（Kaplan）、卡佩拉教育公司（Capella Education）、德瑞大学（DeVry University）等都在国内外拥有多所学院，而且都将在2020年之前大举进军美洲、欧洲和亚洲的教育市场。其中一些教育集团已经上市，并且进入纳斯达克指数，从而能够为实现其扩张计划筹措大量外部资金。另一家大型营利性教育集团劳瑞德（Laureate）将其使命定义为从事"让更多的学生负担得起的优质高等教育，通过接受高等教育让更多的学生追求自己的梦想"。[90]显然，该集团的目标是为那些原本没有机会上一流大学的莘莘学子提供"高价值"的教育服务；这本身就是一个非常值得尊敬的使命。在劳瑞德集团看来，价值"是由学生和用人单位来界定的"。

问题是，在当前市场需求保持基本稳定，整个教育行业处于稳定增长的背景下，这些教育集团还能否像近些年一样实现两位数的增长？这些集团一直通过收购的方式来寻求增长，当时主要是为了合理利用资源、规范流程、提高效率和盈利能力、寻求协同效应等。但是，这种收购战略带来的规模经济效应或许有限，而且——像一些分析人士[91]评价的那样——可能会引发金融泡沫，特别是这些集团采用的大都是杠杆收购方式，可能会因为经济危机的爆发而蒙受巨大损失。而且，前文提到的佩尔助学金欺诈事件被曝光后，美国加强了对助学金资助的监管和控制，这也给教育集团带来了一定的影响。

我认为，要满足教育和职业发展的需求，必须鼓励私立机构和公立机构、营利性院校和非营利性院校，或者说大型教育零售商和研究型大学协调发展。前者着眼于教学和/或知识的传播；后者则侧重学术研究，提供优质的差异化教学项目，给学生提供一系列配套服务。

企业大学

世界各地不同行业的许多大企业都专门成立了自己的"企业大学"，旨在培训员工、发掘有潜力的高级管理人才、传播企业文化和企业战略。一般来说，企业大学的运营经费依赖于所在企业的预算拨款。20世纪80年代，企业大学迅速兴起，很多商学院视其为危险的竞争对手，尤其担心高管培训业务受到威胁。

不过，这些年的经验表明，学术机构和企业大学之间主要还是合作关系，商学院开发的很多企业内训课程都是与企业大学联手打造的。此外，一些企业大学的校长也是从商学院聘请来的。比如，苹果公司不久前成立了"苹果大学"，其校长是耶鲁大学管理学院前院长乔尔·波多尔尼（Joel Podolny）。

严格来说，大多数企业大学都不算是真正意义上的大学，也没想把自己打造成正规大学：它们既没有自己的师资，也不做科研，所以无法和商学院竞争。此外，企业大学常常被视为有着固定受众——企业自己的员工——的培训中心。

所以，企业大学应该不会给其他公司的管理人员提供培训。如果真这么做，那倒得看看它们会不会接受来自竞争企业的员工，或者是不是有义务给所有的结业学员提供工作机会。

目前，全世界范围内已经建立了多家企业大学联盟，旨在分享经验、探索新动向和开发新知识。最知名的是总部设在美国的"企业大学交流协会"（Corporate University Exchange），其成员遍布全球。此外，欧洲管理发展基金会也成立了专门的企业部，开发了一套企业大学认证体系——"企业教育改善流程"认证（CLIP）；目前已经有16所欧洲机构获得了该项认证。

商学院和企业大学还联手推出了一些有意思的管理教育项目。这些项目强调培训的实用性和性价比，具体体现为设计个性化的"学习方案"（包括个人辅导——高管培训领域的发展方向之一）、发掘和强化高管人员的领导技能等。总体而言，商学院和企业大学之间的合作越来越频繁，不过彼此之间仍然保持戒备。

我认为，企业大学今后可能会成为试验田，用来检验高校开发的新理论和新模型。在2010年的一次会谈中，"百事可乐大学"的副校长莱斯利·泰克格拉伯（Leslie Teichgraber）告诉我，企业大学对商学院的关注度越来越高，希望通过商学院发展新的理念、把握新的趋势，从而改进其高管培训和教育。

● 以咨询为基础的教育中心

咨询公司涉足管理培训领域是顺理成章的事，很多咨询公司都为其高管人员专门设计了培训课程。值得一提的是，麦肯锡将参加过其培训课程的学员称为校友，并于1990年成立了"麦肯锡全球研究所"专门进行经济研究。此外，麦肯锡还出版了蜚声业界的《麦肯锡季刊》。

实际上，商学院教的很多管理工具都是咨询公司开发的，比如波士顿咨询公司（Boston Consulting Group）开发的"成长一份额矩阵"、麦肯锡提出的"价值链"等。和企业大学类似，咨询公司在提供应用信息方面也非常具有优势。

另外，还有一个关于咨询公司进军教育领域的有趣案例。理特管理顾问公司（Arthur D. Little）于1964年成立了同名商学院，地处波士顿。学院借鉴MIT模式，最初只给公司自己的咨询师培训，后来逐渐扩大市场。至2002年，学院开设了管理硕士和MBA两个项目，课堂教学和在线教学两种形式都有。虽然学生总数不过百人，但是留学生的比例相当高。理特这个品牌提高了学院的国际知名度，但是，后来由于高管卷入一系列丑闻事件，咨询公司宣告破产，同名的商学院也随之没落。之后，该商学院被知名瑞典企业家、英孚教育（EF Education First，世界上最有影响力的私人教育集团之一，员工总数超过22 000人，旗下机构遍及51个国家）的创始人伯蒂尔·赫尔特（Bertil Hult）收购。此后，学院改名为"霍特国际商学院"，在2010年《金融时报》MBA排名中位列全球第94。

◉ 通过社交网络开展教学

最近，以在家自学为主、以社交网络为平台的管理培训再现市场，其中最有名的要数"个人MBA"[92]（The Personal MBA，PMBA）了。网站的缘起是，100多名报考哈佛商学院和其他顶尖商学院的MBA考生在录取结果正式公布前擅自侵入美国大学网申系统 ApplyYourself.com 查询，结果被这些学院拒之门外。[93]

知名博主和 MBA 评论人士赛思·戈丁（Seth Godin）得知此事后，特意发帖说这些被拒的考生正好省了 15 万美元的高昂学费，其实在家看 40 多本书，结合工作经验自学，效果和读名校 MBA 差不多。这给任职宝洁公司的年轻经理乔希·考夫曼（Josh Kaufman）带来了灵感，他发起了一项运动，号召人们收集 MBA 项目的读书清单。随后，他索性创办了"个人 MBA"（PMBA）网站，把收集到的书单公布在网上，吸引了成千上万名追随者。网友们可以通过在线聊天的方式交流学习心得和工作体会。

PMBA 学员没有毕业这一说，也拿不到任何证书或资格认证；没有专门的学者教他们，自然也没有人担保学习质量。正如 PMBA 的拥护者所希望的那样，这种学习体验纯粹依赖于学员之间的交流互动，照着清单买书是唯一的成本。（考夫曼在其 2011 年出版的《个人 MBA》一书中谈到了网站创始初期的经历。）[94]

PMBA 这种社交网站很有新意，而且注重学员之间的互动学习，所以比较有吸引力。不过，这种光靠读些书、和其他人分享交流的学习方式，和由学者和企业人士精心授课的学习过程没有可比性。否则，所有传统的学习方式都可以摒弃，人们捧着一本百科全书自学就可以了，而这样做显然没什么用，自然也就没有任何吸引力。而且，PMBA 网站虽然风靡一时，但是经过一段时间的发展，现在更像是一个读者俱乐部，热衷学习管理的人们可以在这里探讨读书心得、交流经验。

此外，PMBA 的支持者忽略了人们申请去名校攻读 MBA 的初衷，包括在学习过程中积累经验，掌握丰富的人脉资源，凭借名校背景给职业生涯镀金，或者借助学院或 MBA 项目的认证资质谋求一份好工作等。

社交网络提供了一个强大的学习工具，不过还有待教育机构充分挖掘和探索。商学院或许可以借鉴 PMBA 的经验，通过社交网络增强学员之间的互动,丰富学员的课外学习体验。

综上所述,近年来涌现了一大批新型商学教育机构,它们拥有独特的办学模式和教学方式,给传统的商学院带来威胁。商学院该如何应对挑战,化威胁为机遇呢?本章接下来的部分将着重探讨商学院如何创收,并提出两种主流发展战略供商学院管理层参考,希望各学院从新的学习曲线中建立可持续的竞争优势。

商学院如何创收

不同的商学院有不同的经济模式,或者说商业模式。传统而言,一家商学院的商业模式或者收入来源决定着它的战略、使命和办学资源。商学院的商业模式大体可以分为三类。实际上,这三类模式并不是互相排斥的,成功的商学院大都有灵活的创收模式,确保收入来源的多样化。

第一类:主要依靠政府资助的商学院(见图4—1)。一般来说,大型公立大学的商学院可以享受地方政府或联邦(国家)政府的拨款补贴。通过抽样分析可以发现,这类商学院的大约70%的经费来源于政府补贴。所以,这些商学院收取的学费较低,有的甚至能免除学费。这些院校往往办学规模较大,拥有强大的师资力量,科研成果丰硕。在中国等国家,高校大多由国家资助,商学院可以根据培养的毕业生人数获得相应的政府补贴。

这种创收模式的持久性取决于政府对教育事业的投入力度和相关政策的延续性。比如,近年来,英国政府削减了教育预算,享受政府补贴的高校逐渐减少。而在美国,既有一大批私立商学院——包括常春藤盟校的商学院在内——其中很多都隶属于哈佛大学、斯坦福大学这样享有盛誉的研究型大学,又有加利福尼亚大学伯克利分校哈斯商学院、密歇根大学商学院等重点公立大学旗下的商学院。

在欧洲，大多数重点高校都由政府资助，不过很多商学院要么独立运营，要么由当地的商会等商业组织资助。接受政府补贴的欧洲商学院有鹿特丹商学院（伊拉斯谟大学）、维也纳大学商学院、鲁汶商学院等。

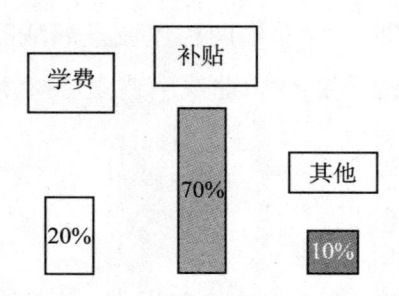

图 4—1　主要依靠政府资助的商学院

第二类：依靠校友捐赠的商学院。美国的高校毕业生有"回馈母校"的传统，所以校友捐赠是美国高校体制的一大特色。比如，所有的常春藤盟校都是私立大学，它们经常依据个人和企业捐赠的总金额角逐各项国际排名。捐赠者在捐赠时一般会指定该款项的使用范围。受惠于巨额捐赠的商学院往往还有其他的收入来源，比如哈佛商学院、沃顿商学院、芝加哥大学布斯商学院、斯坦福大学商学院等，学费和高管培训项目收入对学院创收的贡献也很大。如图 4—2 所示，一流商学院来自捐赠基金的收益平均占总收入的 25%。

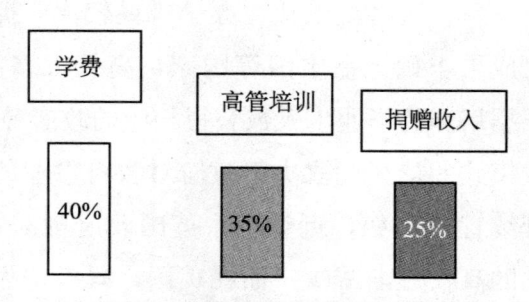

图 4—2　依靠校友捐赠的商学院

不过，受经济危机的影响，很多院校的捐赠收入锐减。例如，哈佛商学院的捐赠基金总额达 28 亿美元，比斯坦福大学商学院的 8.25 亿美元高出三倍有余；但是受危机影响，这两家学院的捐赠基金都大幅缩水。商学院专家约翰·伯恩（John A. Byrne）提到："斯坦福大学商学院的捐赠收入从2009年的5 880万美元降至2010年的5 200万美元。为了弥补这一缺失，学院提高了学杂费标准，学费收入从2009年的6 450万美元增至2010年的7 090万美元。其结果是：学杂费占年度预算的比例从2009年的42％升至2010年的46％。"[95]

第三类：主要依靠学费收入的商学院（见图4—3）。欧洲大多数顶尖商学院都是这种模式，主要依靠各类教学项目的学费、高管培训收入和募集资金。

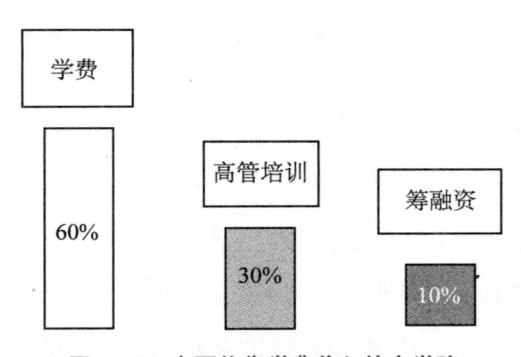

图4—3　主要依靠学费收入的商学院

欧洲的商学院一直很羡慕那些获得巨额捐赠的一流美国商学院。不过，也正因为捐赠收入较少，欧洲院校才会迫使自己更敏锐地响应市场需求，更好地实现自主创收。

基于目前和未来的收入来源，商学院可能会采取不同的发展战略，设计不同的教学项目。接下来，我将从项目种类、国际定位和战略发展方向这几个方面探讨不同类型的商学院。

商学院的两种主流发展战略：纵向整合或专业化

人们说起商学院时总是显得很轻巧，仿佛世界各地的商学院都一个样。商学院的批评人士经常这样以偏概全。实际上，全球范围内的商学院在使命、教学项目、法定地位和创收模式方面千差万别。有的学院是专业联盟（如法国的精英院校体系，由商会资助）的成员；有的是独立的商学院，例如欧洲工商管理学院；有的隶属于学科门类齐全的大型高校，比如大多数美国商学院；有的则隶属于规模较小的专业型高校，比如欧洲的米兰理工大学、苏黎世联邦理工大学旗下的商学院；有的依托大型公立大学，如亚利桑那州立大学和鹿特丹大学旗下的商学院；有的则是小而精的院校，比如美国的达特茅斯大学塔克商学院、中国的长江商学院、土耳其萨班哲大学商学院等。

各院校的"商业模式"和资金来源也都不同。美国的常春藤盟校每年可以获得巨额捐赠，捐赠资金的投资收益是大学收入的主要来源。其实，美国的这种筹资文化创造了独特的高校创收模式，其他国家和地区的很多院校也都纷纷效仿，只是成效各异。

而在欧洲，一直以来，各类高校能得到国家的大量资助。与此同时，近几十年，欧洲商学院出现了新的办学模式，以各类学位、非学位教学项目的收入作为主要创收来源。这种模式可能对金砖国家等新兴经济体来说更有借鉴意义、更适用。

一些商业策略分析师认为，公司应该根据自己的资源和能力专注于适合自己的行业，谋求精深发展。从这个角度来看，多元化发展不一定是企业的首选战略，除非新进入的行业与企业的核心业务密切相关，或者多元化经营可以带来明显的协同效应。

这也同样适用于教育机构。对此，瑞士洛桑国际管理学院的前任院长彼得·洛朗热（Peter Lorange）教授解释得很清楚："无论在商界还是教育界，战略就意味着选择。虽然短期看来，做出打破传统的选择可能十分艰难，但是我坚信，长期来看这一定是值得的。当然，做选择时切忌反复，一定要有清晰的战略思考。"[96]

在洛朗热的领导下，洛桑国际管理学院将战略重点放在高管培训项目上，发展态势很好。然而，教育的全球化，尤其是管理教育的全球化，给传统的办学思路带来了巨大的挑战。随着全球管理教育的发展，商学院的办学模式将呈现两极化：一类是"专业型商学院"，只专注于高等教育的一两个特定领域；另一类是"综合型商学院"，在全球范围内提供覆盖各个层次的一系列教学项目。按照哈佛商学院教授迈克尔·波特（Michael Porter）的评价[97]，不在这些模式之中做出明确选择的学院将陷入困局，丧失竞争力。

很多教育机构都根据自己的优势不失时机地采取不同的发展战略，这也体现了教育界的变革。在这方面，商学院更是表现突出。最初，在美国诞生的一批商学院都专注于提供研究生教学项目。此后，欧洲沿袭了这种模式，欧洲工商管理学院、洛桑国际管理学院等20世纪五六十年代成立的商学院都专门为企业管理人员开设了硕士项目。

图4—4列举了商学院开设的主要教学项目。从历史上看，受欢迎程度最高的是硕士学位项目，包括MBA和管理硕士项目等；管理硕士项目是近年来在欧洲发展最快的项目。

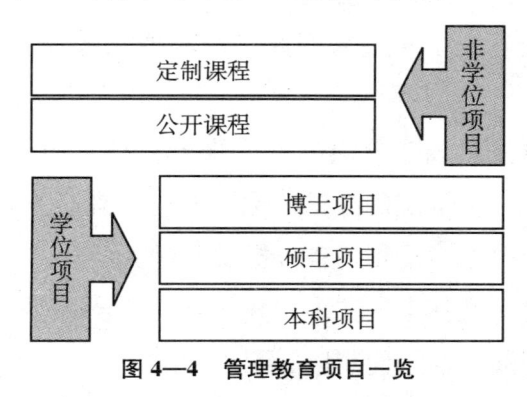

图4—4 管理教育项目一览

商学院根据所设教学项目大体分为两类："纵向整合型商学院"和"专业型商学院"。

纵向整合型，即综合型商学院提供从本科到高管培训等一整套的管理教学项目，比如，美国的沃顿商学院、欧洲的牛津大学赛德商学院、鹿特丹大学管理学院、IE商学院、巴黎高等商学院等。采用这种发展战略的商学院会加强师资队伍建设，吸引各个学科领域的优秀人才，教师既要做科研，又要承担教学任务。

而专业型商学院则侧重特定领域，致力于在该领域成为全球领袖。比如，洛桑国际管理学院的战略重点是高管培训。有的学院则专注于某个特定的学科或者专业领域，比如，创新领导力中心是世界顶尖的领导力培训和辅导机构。学院还可以通过创新教学方式或者学习系统来塑造独特的竞争优势，比如几年前，一些培训机构利用当时颇为流行的"第二人生"（Second Life）在线平台提供培训服务，收效甚好。

商学院的未来动向

"战略分组"是常用的行业分析工具，即依据企业决策的战略特征将某个行业中不同类型的公司进行分组；战略集团即指一个产业内执行类似战略的公司组群。战略集团的具体划分依据有很多，主要包括产品或服务范围、覆盖的市场区域、销售渠道、品牌建设、业务的纵向整合程度、产品或服务质量、价格范围，等等。

我们可以按照战略分组的方式来分析全球范围内的商学院，以便更好地比较各学院的办学成果，树立行业标杆，衡量不同群组之间的交流壁垒，给相关各方提供参考。

商学院的分类标准比较多，我在公共场合演讲或者给 IE 商学院制定发展战略时通常使用以下两种标准：

1. 学院的国际影响力和知名度，衡量因素包括国际认证、国际排名、外籍教师和留学生的比例、国际合作以及在海外设立的教学项目。

2. 学院提供的教学项目种类，也就是上一节中提到的，是专注于高管培训等特定项目，还是覆盖各个教学项目（即综合型商学院）。

图 4—5 体现了这两种标准，从纵向（基于国际知名度和影响力）和横向（基于开设的教学项目）综合进行分类。

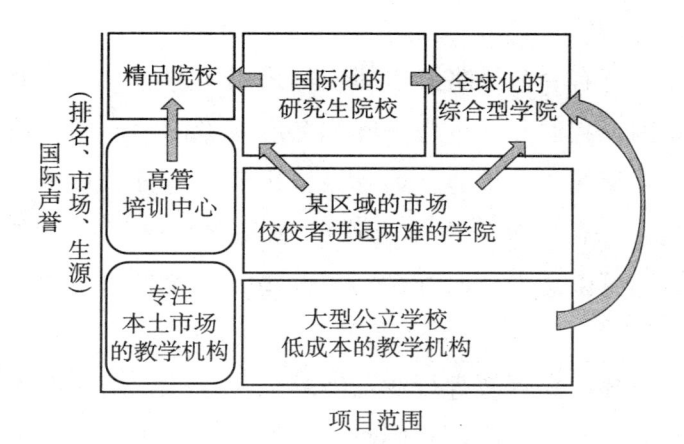

图 4—5 战略集团：未来发展趋势

图示上方的是在国际上享有盛誉的商学院，既有专注于特定项目的所谓精品院校（最具代表性的应该是洛桑国际管理学院，其收入大都来自高管培训项目），也有发展定位截然不同的整合型或者综合型商学院（比如，沃顿商学院开设了从本科到高管培训等一系列学位项目和培养项目，每个项目的教学质量都堪称国际顶尖）。

从这种战略集团的分类可以看出，全球化进程将迫使商学院——尤其是一流院校——在以下两种战略之中选择其一：

1. 寻求差异化，专注于管理教育的某个特定领域（比如，洛桑国际管理学院侧重高管培训，创新领导力中心侧重领导力）。

2. 成为综合型商学院，达到相当程度的办学规模，提供一整套教学项目，学科门类齐全，拥有雄厚的师资力量，建设国际品牌影响力。

没有明确战略定位的商学院将进退两难，既不能从教学项目层面创造差异化的竞争优势，又不能全力扩大办学规模、在国际竞争中占有一席之地。

我认为，欧洲已经形成了这样的趋势，比如，伦敦商学院已经决定开办管理硕士项目。一些美国商学院到目前为止只开设了 MBA 项目，这些学院的院长和我聊天时都提到，今后将考虑增设本科项目，或者为没有商业经验的应届毕业生设计新的管理硕士项目。

  当然，还有一些战略集团即便不采用上述这两种战略也能维持生存，因为它们并不重视国际知名度或者国际声望，或者依赖低价策略来保住竞争优势。远程教育机构和地方教育机构都属于此类，比如，有些公立大学提供的管理教育项目只瞄准国内生源，同时还可以享受政府补贴——这些因素使它们不用到国际市场去竞争。

  综上所述，高等教育行业已经日益全球化，商学院不能再依赖"一切照旧"的思维，否则将无法在竞争中立足。我提出的两类主流战略可以为商学院的未来发展提供坚实的基础，但是因为竞争非常激烈，各学院仍然有必要根据市场形势不时地调整战略。接下来，我们将探讨改变教育行业格局的另一个重要因素——新技术对学习过程的影响。

第 5 章

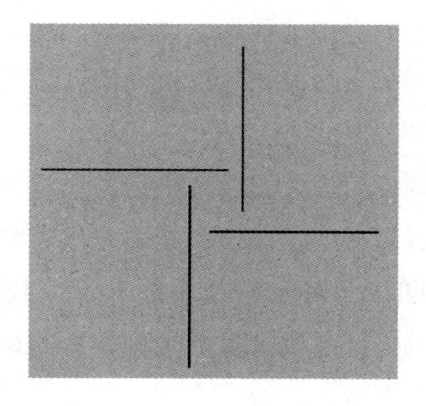

网络教学

我们不妨放宽眼界，看看高等教育行业的整体情况：影响高等教育发展的重大趋势有哪些？第一个，可能也是最显而易见的趋势就是新教学技术的诞生和应用。互联网的发展对知识的创造和传播、教学方法和信息交流都有重要的影响。这些新的技术和在线教学方式将改变教师的角色。教师在教学过程中发挥的传统作用在逐渐转变，今后他们将扮演类似于乐队指挥的角色。越来越多的教学资料将采用数字化的形式，在互联网上创造、传播和检验各种理论和思想的速度和方式，也将从根本上改变研究的本质以及授权或者学术验证的基本概念。

互联网对教学过程的影响是毋庸置疑，也无法阻挡的。一个明显的例证是世界各地提供远程教学的教育机构大幅增加。商学院在这方面也是领头羊。在以往只提供面授课程的商学院中，大约80%已经开始提供在线课程。

以前，只有一些规模较大的教育机构提供远程教育。这些机构学生人数众多，所以在远程技术和相关教学资料上的投入更加划算。而现如今，随着云计算等技术的兴起，技术成本一降再降，这给所有教育机构都提供了发展远程教育的机会。展望未来的学习曲线，我想最振奋人心的一个前景莫过于让很多无法接受教育的人，特别是最贫穷的社会群体，都能够享受到受教育机会。

比如，世界上最贫困的人没有理由享受不到最好的教学资源；如果否认这一点，就只能说明我们的想象力不够丰富、决心不够坚定。设想一下，生活在非洲贫困村庄的一个年轻人可以从网上下载某世界知名大学制作的学习资料；或者印度的一位年轻女士能通过手机上网学习哈佛大学、牛津大学或者我们 IE 商学院提供的在线课程模块。可以想象，这将给他们的人生带来怎样的改变，给整个世界带来怎样的改变。幸运的是，这一切都在逐渐成为现实。

前面已经提到，商学院在应用远程教学技术方面起着带头作用，在制作和推广在线教学资料方面也是先行者。比如，我们 IE 商学院和其他几家商学院一样，在互动式在线案例开发方面投入了不少资源。越来越多的以传统课堂教学见长的学院都开始在教学中应用新的技术，这不仅拓展了网络教育领域，也改变了教学过程的内在本质。很多人认为网络教学在真实体验和课程生动性方面比不上面授。这种观点有一定道理，但我认为远程教学技术也有不少优点。比如，网络教学不需要同步进行——不需要所有的学员都在同一时间集聚在同一授课地点。位于某个时区和地域的一个学生可以在线下载和学习课程模块，而这时，位于另一个大洲或者时区的模块设计者和其他同学正在酣睡。

这意味着一系列新的教学技术日臻成熟。比如，现在世界各地的人们可以通过最新的网真技术获得同样的课堂学习体验。而这还仅仅是个开始。

最早提供网络教育的一批院校

对我来说，开始重点关注技术问题是在 1999 年 11 月的一个明媚而寒冷的清晨。当时，我正在波士顿百骏财务管理公司的办公室里，从地标性建筑约翰·汉考克大厦眺望整座城市。IE 商学院的理事会和顾问委员会在这里召开会议，描绘学院未来十年的发展战略规划。

在会议召开之前，三位关键人物已经带领团队花了几个月的时间来进行各项准备工作，他们是：有远见卓识、敏锐判断力和革新意识的 IE 商学院创始人迭戈·德尔阿尔卡扎（Diego del Alcázar）；IE 商学院时任院长胡利奥·乌赫尔（Julio Urgel），以及卓越的战略家乔斯·马里奥·阿尔瓦雷斯·德诺瓦莱斯（José Mario Álvarez de Novales），遗憾的是，他已经在 2006 年辞世。

百骏财务管理公司的总裁塔尼亚·祖伊钦（Tania Zouikin）

担任此次会议的主持人。他把我在会上发言时用的演示文稿称为"红宝书"：我当时特意把 PPT 演示稿最后一部分的背景色选为红色，以凸显这次会谈的重要性。会谈结束后，IE 商学院开始积极开发网络教学项目，并且大力加强与全球一流商学院的联盟。比如，IE 商学院发起成立了 Sumaq 联盟，与拉美顶尖商学院开展战略合作。

我发言的核心内容之一是学院需要探索新的教学方式，具体建议包括：让教师适应新的教学需求和教学形式；扩大新教学项目的专业范围、国际化程度和种类；探索远程教学和在线教学方式，以吸引更多国际学生；与 IT 外包服务商紧密合作，让它们成为价值链的关键环节。

一直到 20 世纪 90 年代都很少有商学院打算提供在线课程。大多数商学院仍然把在线教学视为远程教学的一部分，认为在线教学意味着让学生自主学习，教学质量不高。但是，一些教育机构，比如阿波罗教育集团旗下的凤凰城大学——虽然不算是直接竞争对手，但因为立足创新，给中下游的商学教育机构带来了不小的危机感——让很多商学院警醒，终于意识到在线高管培训市场蕴藏着巨大的潜力。

美国一些比较知名的商学院已经开始在这方面做出尝试，与 IT 服务公司结盟，一起开发在线教学平台和新的教学模式。其背后的逻辑是商学院可以提供课程内容和教学人员，而 IT 公司能开发在线教学所需要的软件和平台。这种合作看起来完美无缺，商学院可以借此扩大办学规模和提升影响力；同时，只要这些联盟独立运作，而且不提供大学的学历证书，就不用担心品牌形象被削弱。

在 1999 年之前成立的一批网络教育联盟中，影响最大的有以下几家：Unext，其合作院校包括哥伦比亚大学商学院、伦敦经济学院、斯坦福大学、芝加哥大学和卡内基梅隆大学等；Pensare，主要合作院校是杜克大学福库商学院和哈佛商学院；University Access，合作方是北卡罗来纳大学教堂山分校；Caliber，合作方是沃顿商学院和南加州大学。

这些联盟的市场前景被很多人看好，引起了投资商和分析人士的广泛关注。比如，《金融时报》的布拉德肖在 1999 年 10 月的一篇文章中评价说："现在大家谈论的话题都是技术合作伙伴。"[98] 欧洲和美国有越来越多的商学院效仿此举，开始接触 IT 公司寻求加盟机会。这很快被专家们戏称为"抢椅子"游戏，各个学院都竭尽心力想赶上这一波创新热潮，谁也不想落下。

曾经有很多人猜测哪些联盟终会雄踞市场，哪种平台会在竞争中胜出，哪些在线课程能从巨大的市场潜力中分得一杯羹，吸引到世界各地成千上万名学员，成为全球标杆。当时，应用最广的网络教育平台是 IBM 的 Lotus 和 Blackboard；UNext 和 Pensare 也开发了自己的平台。

还有不少人讨论这种新的教育模式是否比传统的教学方法花费更大。开发平台和新课程的成本的确很高，如果请知名商学院提供课程内容，那就更昂贵了。而且，虽然通过营销和传播能实现一些规模经济效应——项目学员越多，开发课程模块的成本就越低，但是学员期望实时获得学习反馈，有时还需要根据企业的需求特别设计课程内容，所以要想大大降低成本恐怕很难。

◉ 伊卡洛斯之梦：UNext 的故事

五年之后，至 2004 年，各大网络教育联盟有的倒闭，有的被收购，几乎全军覆没。能够长期坚持下来而且成功进行商业化运作的只有杜克大学福库商学院，其 EMBA 项目采用网络教学和传统课堂教学相结合的方式在市场上站稳了脚跟。当年，在互联网公司发展的鼎盛时期，人们对一些商学院和 IT 公司携手建立的新型网络教育联盟的期望非常高，而 UNext 的故事正好给大家提供了有益的经验教训。

UNext 和旗下的卡迪恩大学创立于 1997 年，初始投资约 1.8 亿美元。拥有 UNext 的是"垃圾债券之王"迈克尔·米尔肯（Michael Milken）于 1996 年成立的知识寰宇公司（Knowledge Universe）。20 世纪 80 年代，米尔肯因违反证券法被判入狱，并处罚款 10 亿多美元。

UNext 的定位是 B2B 公司，致力于开发独一无二的在线教学项目。与凤凰城大学或者德瑞大学等其他营利性教育机构不同的是，UNext 既没有自己的师资，也没有实体校园。它的一个主要优势是成功游说了几所顶尖高校加盟合作，以哥伦比亚大学商学院为首（哥大商学院对于 UNext 未来合作伙伴的选择有否决权），另有伦敦经济学院、斯坦福大学、芝加哥大学和卡内基梅隆大学。UNext 还邀请到了一些重量级的学者专家，包括时任芝加哥大学法学院院长丹尼尔·菲谢尔（Daniel R. Fischel），以及三位芝加哥大学著名经济学家加里·贝克尔（Gary Becker）、杰克·吉尔德（Jack Gould）和默顿·米勒（Merton H. Miller），他们都是 UNext 的董事会成员。

UNext 恨不得从第一天起就开始全面运营。其总裁兼首席执行官理查德·斯特鲁布尔（Richard P. Strubel）表示："这是个烧钱的业务，整个商业模式都依赖于巨额的先期投资，而不是对个人售卖课程的 B2C 模式。我不知道还会不会有其他人做这种业务。即便有，也不会像我们这样做。"[99] UNext 聘请了一大批人，包括软件工程师、认知学科专家、心理学家、教师，等等。他们曾研究使用 IBM 的 Lotus 平台，后来还是决定自己开发一个平台，成本估计高达数千万美元。UNext 的首批企业客户包括巴克莱银行、美国在线-时代华纳、贝塔斯曼、IBM 和通用汽车等。

然而好景不长，很快一些重大问题就浮出水面。2001 年 5 月 4 日，《高等教育纪事报》刊登了一篇文章，标题是"资金丰裕且颇具威望的 UNext 苦寻销售出路"。[100] 文章指出 UNext 耗资过快，越来越多的人开始质疑公司的生存能力。接下来的数个月，关于UNext的一些文章频见报端，内容包括公司决定裁员、与教学人员的合同出现问题、市场需求不旺、收入不足以维持公司的正常运转，等等，还爆出传媒巨头汤姆森公司（现在已与路透社合并为汤姆森-路透集团）有意收购UNext。

UNext究竟哪里出了问题？与同时期纷纷出问题的一些网络教育联盟一样，UNext的野心太大，耗资过高，在纵向整合时忽略了课程的开发和商业化。而且，UNext花费巨资开发自有技术，可是到头来，开发出来的平台和市面上已有的平台却相差无几。

此外，UNext的创办者误以为单凭网络教学就能成功推行其所谓的差异化项目——成本比阿波罗集团、德瑞集团等竞争对手的项目高多了——而没有在项目中结合面授方式，采用所谓的混合教学方式。项目失败的根本原因是不切实际的增长和盈利预期。而且，培养自己的师资对于一家教育机构的品牌和认知度来说是非常重要的，可是UNext显然忽略了这一点，一味地采用外包形式聘请外校教师提供课程。UNext的故事让我想起了古希腊神话中的人物伊卡洛斯（Icarus）*，背负不适合自己的装备奔向太阳：距离太远、速度太快、野心太大。

● 最重要的不是平台

现在我们已经知道，要做好网络教育，技术是非常重要的因素，但光靠技术是远远不够的。采用网授和面授相结合的混合教学方式可以给管理教育带来巨大的潜能。其优势包括：

● 便捷、友好：随时随地都可以学习，偏远地区的学员也不

---

* 伊卡洛斯是代达罗斯之子，以其父制作的蜡翼飞离克里特岛，其父逃脱了，而他却飞得太高，蜡翼被阳光融化，最终坠海而亡。——译者注

会被拒之门外。

- 灵活满足学员需求，学员可以自己选择上课时间。
- 得益于成熟的社交网络技术，学员可以加入各种虚拟的"学习社区"。
- 通过复杂的应用程序不断给学员提供反馈和评估意见。
- 不像传统的课堂教学那样气氛沉寂，学员可以保持强大的学习动力。
- 可以遍及全球，有利于新市场和新客户的开发。

过去十年来，IE商学院在各类项目中进一步完善了这种混合教学方式，学员的反馈非常好：我们的EMBA项目在2010年《经济学人》的EMBA排行榜上名列第一。[101] 我们不断地进行尝试，同时也注意谨慎投资，密切关注商学教育领域和整个高等教育行业的新动向。我们最大的成功经验或许是，从一开始我们就明确地知道，通过混合教学来打造自己的品牌，并不是非要创造一个完全不同于传统方法的全新教学模式，而是要通过在教学中利用技术手段尽可能精确地复制经得起时间考验的教学方法。

另外，我们深知，教师的参与是至关重要的。我们知道一些普通老师或者助教不像教授那样有丰富的课堂教学经验和资质，可能无法开展混合教学，所以我们为全体教师提供强化训练和支持服务，让他们掌握在线教学的技能。与此同时，我们也知道，多媒体案例资料等新形式的教学材料不能放手让外包服务商来做，必须请开发传统教学资料的同一批教师来负责。为此，我们专门组建了一个团队来给教授们提供协助。

最后，还有一条非常重要的经验。我们认为，对于面授和网授相结合的混合教学项目而言，再神奇的技术平台也不能解决教学过程中的所有问题。实际上，和传统的教学方法一样，最关键的还是要加强学员、教师、项目管理人员、平台技术支持人员之间的互动和沟通，并且在整个项目过程中注意结合上面提到的几个重要事项，确保学生获得和传统教学项目一样满意的学习体验。总而言之，最重要的不是平台，而是教学过程的质量。

推行混合教学以来，我们发现大多数困难和问题都是可以克服和解决的，只有一个问题比较麻烦，即教师需要在每名在线学员身上投入很多时间——如果不像大多数网络教育项目那样让助教来讲课，而是请平时在课堂上教这门课的教授来教的话。

一节在线课程可能需要好几天才能教完。我们的经验表明，相比传统的课堂教学，授课教师往往需要多花四倍的时间和精力来给学生答疑解惑，这显然也意味着学院需要给教师支付更多报酬。

我们的混合教学项目还有一个特点，即要求学员们和普通的面授学员一样，在规定的时间内完成学业；也就是说，他们需要按照入学时间分班，统一入学、统一结课。这就方便了学员之间的交流，从而也增强了学员的归属感。在华威商学院、亨利商学院等一些学院，学员根据自己的情况在数年之内完成学业即可。相比之下，我们的规定似乎缺乏灵活性。但是我们认为，这种时限要求可以确保课程的连贯性，利大于弊，而且能让学生获得更完整的学习体验。

未来数年，混合教学模式还将进一步发展和完善。我想，其发展过程中主要面临三大挑战：市场细分——越来越多的学院会探索主流形式以外的在线课程，寻求差异化竞争优势；需要不断培训教师，提高他们在教学中应用相关技术的能力；利用互联网上日益丰富的信息资源和人脉关系，开发新的项目内容、项目形式和学员网络。

◉ 多样化的人生

管理者的人生是多样化的：很多人都改换工作，跳槽去不同类型的企业就职，甚至进入完全不同的行业。管理知识在不断发展,管理者的技能也需要实时更新。教育也应当不断地推陈出新,积极适应这些变化。

2006年1月,《经济学人》和《财富》杂志都发文探讨了数字化时代给传媒行业带来的巨大冲击。借用《经济学人》的评论来说,在未来的商业世界,"提供的内容远比提供的方式重要得多","有无数的方式,几乎不花钱就可以让消费者随时看到想看的内容"。[102]

《财富》杂志采访了迪士尼首席执行官鲍勃·伊格尔(Bob Iger)。他表示,迪士尼将探索类似的全新商业模式。用伊格尔的话来说,数字化革命"引发了人们对传播内容的海量需求"。[103]在这一波革新热潮中,最大的赢家是数字内容提供商;而像《财富》杂志撰稿人马克·冈瑟(Marc Gunther)预测的那样,广播公司等传统的传播渠道可能成为输家。

这些文章不禁再次让我想到数字化革命对教育行业,特别是管理教育的多重影响。商学院的院长们都要思考一个重要问题:"我应该怎样带领学院在这个数字化时代求得生存和发展?"当然,要应对这种挑战,不仅教学方法要革新,学院的其他各项工作也都要相应调整。

现在看来,人们对管理教育的很多传统理解不见得是正确的。很多人潜意识里都赞同下面这个公式:

网络教育＝质量不高＋价格便宜

你们有多少人同意这个公式呢?我个人就不赞同。首先,很多一流商学院,即便是最特立独行的学院,也都已经开始综合进行面授和网授,具体形式包括在线校园、交互式沟通、多媒体案例研究和视频会议,等等。因此,网络教育已经成为很多 MBA 项目不可分割的一部分:它不再是一个非黑即白、关于线上或线下教学方式的议题,而是应用的多少以及与项目其他方面是否有效结合的问题。而且,有些院校已经充分证明,网络教育项目完全可以达到最佳教学质量,在提高学习效率、培养分析能力、增强学员之间的互动和社交等方面与课堂教学的效果一样，甚至比课堂教学更好。此外，网络教育项目的学员无须受到时间和地理位置的限制。结果很显然：现在，一些推行混合教学方式的项目比传统的面授项目收费更高，因为其教学质量更好，更能满足客户的需求。

正是因为人们对管理、对生活有了更深刻的理解，才催生了这些具有竞争力的网络教育新形式。就像一位同事说的那样，"我们的人生是多样化的"，接受的教育也应当是多样化的。

◉ 打造精品项目

2006年《金融时报》发表的一篇关于网络管理教育的调查报告表明，远程教育事业蓬勃发展，许多过去只提供面授项目的商学院——超过65％以上——都已经开设了在线课程。[104] 就像上文中提到的，我想这个比例目前至少已经达到80％。以往，提供远程教育的只有那些办学规模大、学生人数多的大型教育机构，大多数项目以学生自学为主。然而，随着新技术的发展以及以传统课堂教学见长的院校的加入，网络教育的应用范围越来越广，教学过程的本质也在发生改变。

很多人认为网络教学项目在真实体验和课程生动性方面比不上面授项目。这种直觉判断正确吗？网络教育是不是二三流的教育？如前所述，我对此持反对意见。

小时候，长辈们都教我们用各种感官来学习。早期教育阶段，我们凭借视觉、听觉、嗅觉、触觉甚至味觉等来学习行为规范，学着把事物的名称和事物的性质对上号，了解什么样的行为会带来什么样的后果。不过，随着年龄的增长和知识的积累，人们不再主要依赖感官来学习，反思、自省、分析等其他思辨能力开始成为学习的主要载体，把感官当作关键的学习方式——"动物性的反应"（请原谅我用这样的词来表达）已经不够用了，以抽象化的方式来获得知识和培养能力才是更重要的。安东尼·德圣埃克苏佩里（Antoine de Saint Exupéry）在其代表作《小王子》中巧妙地总结了这一点：狐狸对小王子说，"实质性的东西，用眼睛是看不见的"。[105]这句富含哲理、发人深省的话或许也同样适用于教育，尤其是网络教育。

的确，感官对于学习来说并没有决定性的作用；同样，不一定非要让学生们在同一个教室上一年课才能达到最好的教学效果。我接触了一些在IE商学院参加混合教学项目的学员——项目课程大都在线讲授，少数几门采用面授——发现他们相互之间非常了解，对学习的热情也非常高。反观传统的远程教学项目，学员往往缺乏存在感，总觉得自己形单影只。我们推行的混合教学项目在学习体验上不亚于传统的课堂教学，甚至比课堂教学更好。具体来说，我们有严格的招生选拔流程——不像大型远程教育机构，它们往往不重视生源质量；不仅安排学院的全职教师授课，还给学员们提供相应的支持和服务。

我觉得，这种混合型网络教育项目反倒比单纯的面授形式更能敦促学生加强与其他同学的互动和交流。我们全球MBA项目的学员遍及世界各地，其中一名住在上海的学员告诉我，在线学习时要想办法让别人知道自己，"否则就像完全不存在一样"。相比之下，传统面授项目的学生一般都待在教室，不见得会主动和他人交流。另外，高质量的网络教学项目可以给每个学员都提供平等的表现机会，而传统的课堂教学受时间所限无法做到这一点。

实际上，设计精良的在线课程可以让学员们最真切地体验到跨国企业是怎样进行沟通和决策的，其学习强度不亚于面授课程。

优质网络教学项目给学员带来的种种益处让我倍感欣慰。我们IE商学院的全球MBA项目设计了大量的在线课程，还专门推出了"整合日"系列活动,旨在让学员在世界各地不同城市与IE商学院的校友、企业客户和雇主等相聚畅谈,这也是项目学员面对面交流的唯一环节。我参加过其中一些活动,惊喜地发现学员之间非常熟络;很多学员虽然从未谋面,只是在网上联系过三个月而已,看起来却像是认识很长时间了。实际经验表明,我们在线项目的学员彼此之间有更深层次的交流,能建立起真正持久的友谊,而且——也许有点出人意料——对学院的认同感非常强。学生调查问卷的结果也显示,混合型教学项目的学员满意度是最高的。

我特别想知道学员们认为自己掌握了哪些在传统课堂教学中学不到的特殊技能。有位学员说他通过在线交流锻炼了外交能力。人们面对面说话时经常会用肢体语言、手势和语调等微妙的手段来辅助表达信息。而在书面交流时,文字语言是传递信息的唯一工具。这种书面交流一般都是经过深思熟虑的,所以能避免冒失和不快。拥有不同文化背景、均来自非英语母语国家的人们把英语当作"工作语言"在网上互动,这种有效的书面交流既便捷高效,又能做到立场公正、氛围友善、互尊互重。

另一个有意思的发现是,在线课程的学员更团结一心,因为他们需要配合彼此的时间一起完成学习任务。普通课堂教学项目的学生只要坐着听课就行了,其他什么也不用做——这当然不是什么值得推荐的方式。在线课程往往分组比较细,每组成员较少,而且在线教学本身也要求学员多互动,所以如果有学生不积极参与,就会影响整个班级讨论的效果。

由于时差问题——从美国的夏威夷到中国的上海,我们的学生遍布全球——一些学生需要在凌晨和同组学员一起赶作业,其他同学感受得到他们的付出,也会对此心怀感激。这不仅增强了学员之间的凝聚力,也培养了他们的团队协作精神。

关于网络教育的利与弊还有很多需要研究的。我在这里探讨的不是那些规模庞大、任由学员自学的在线课程,而是尽可能复制传统课堂教学的优点、高质量的网络教学项目。或许，网络教育不仅能把学员打造成更优秀的管理者，还能培养他们高尚的品格。

如上所述，技术给教育带来了变革。在下一章中，我们将着重探讨塑造未来学习曲线的第二个重要趋势——全球化以及利益相关者的国际化。

第 6 章

利益相关者的国际化

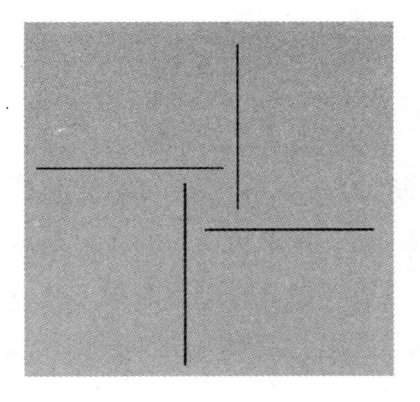

商学教育全球化的主要原因是其利益相关者的国际化。各大高校生动地体现了马歇尔·麦克卢汉（Marshall McLuhan）所描绘的地球村概念。[106]人们在不同的国度之间来往更自由、更频繁，所以也希望能在不同的地方灵活地接受教育。比如，设想一下，你报读了一个三年制在职硕士项目，可是读到一半，你的公司决定把你调去另一个国家工作。你肯定不愿意从零开始重新读一个硕士学位，所以会希望所在学院考虑用别的方式让你继续完成学业。又或者，你正在读一个全日制MBA项目，但是不得不重返工作岗位，你肯定希望能换一个班，上在职MBA项目。近年来，商学院亟待解决的问题有很多，这两个情境只是一个小小的缩影。总体来说，商学院必须在设计学位项目和教学方式时更具弹性。

"利益相关者"的国际化是必然结果。在这里，"利益相关者"是指活跃在高等教育领域的不同的特殊利益群体，包括教师、学生、行政管理人员、捐赠人等。比如，越来越多的企业青睐于招聘高校毕业生或者聘请高校的财务系主任，而Erasmus等高等教育交流计划则鼓励学生和教师到不同的学校交流学习，从而促进教育环境的多元化。

如何提升国际性已经成为教育机构需要解决的重点问题。很少有高校不与国外院校结盟，光凭自己的资源就能在国际上开展教学活动。在这方面，商学院也一直走在最前沿。国际合作形式逐渐从简单的学生交换项目发展为双学位项目等更多层面的合作。一些商学院的突破更大。它们参考咨询行业和其他专业服务企业的模式，专门在海外建立了校区。例如，欧洲工商管理学院的主校区位于巴黎附近的枫丹白露，此后又分别在新加坡和阿布扎比建立了分校区。同样，芝加哥大学布斯商学院在芝加哥、伦敦和新加坡都设有校区。

还有很多商学院与国外的兄弟院校建立了合作关系。各学院之间的国际合作形式也变得越来越丰富。商学院可以采取各种不同的战略来应对全球化的挑战——既可以开展传统的合作办学，也可以考虑建立新形式的战略联盟。战略联盟这种合作方式覆盖领域较广，开放性更强，没有固定的时间限制，联盟成员可以优势互补共同开展合作。此外，近年来还涌现了一批新型高等教育机构，包括营利性高校、多校区办学机构和网络教育机构，等等。

多级竞争与保护主义

针对教育领域的全球化趋势，一些国家采取保护主义措施，不允许外国的大学或者其他高等教育机构在本国办学，或者拒绝开展跨国教育合作。采取这些措施的国家在世界教育领域将被边缘化，而且还会流失一大批最杰出的人才。选择脱离国际化的主流趋势，就意味着故步自封、发展受限。

另一方面，全球化意味着各大高校的教学项目日趋集中化，将有更多的大型院校强强联合，或者出现更多专注特定领域的教学中心，在这个过程中树立全球标杆。比如，伦敦大学旗下有一系列享有自主权的教学单位，其中两家商学院——伦敦商学院和帝国理工学院——更是有着直接的竞争关系。瑞士洛桑国际管理学院则独具特色，重点打造高管培训项目。

可以看到，这两种模式分别代表了两类截然不同的竞争策略。高校既可以选择在教师、科研和教学项目方面全面加大资源投入，以此提高国际竞争力，也可以集中精力发展某个特定的学科、项目领域甚至某种特别的教学方法。如果不在规模化和专业化这两者之间选择其一，就会陷入左右为难的境地：要么缺乏有效参与国际竞争的资源，要么无法在某个领域占据全球领先地位，从而丧失竞争力，在教育市场黯然失色。

高等教育，尤其是商学教育领域还有一个特点，就是不同地域之间的激烈竞争，即市场供需关系的多级化发展。美国仍然拥有为数最多的商学院，是全球最大的商学教育市场，但是近几十年其他国家和地区也纷纷建立了众多商学院，发展势头强劲。而且，和其他全球性的行业一样，亚洲教育市场的需求也呈上升趋势，市场规模、学生人数和新建教学机构数量的增长速度均居世界之首。预计到2025年，以中国和印度为代表的亚洲地区将为世界各地的大学提供70％的生源。[107]与此同时，越来越多的欧美学生也会认识到海外教育背景的重要性，申请到亚洲求学。商学院的国际化是大势所趋，我们有必要详细分析其背后的动因以及利益相关者的国际化。

◉ 商学院的利益相关者有哪些？

以前，教育活动的主体是教师和学生，有时家长也扮演一定的角色。但是，如果将管理研究中的"利益相关者"概念应用于教育领域，那么所有参与教育活动或者与教育有直接利益关系的人都应该包括进来。对于教育机构的管理层来说，分析和评估教育行业的利益相关者是至关重要的，它有助于合理制定发展战略、设计教学项目以及规划资源和资金的使用。商学院的院长们都明白这一点，所以近年来投入了大量时间用来处理与学院外部利益相关者的关系，而相应减少了与本院师生交流的时间。图6—1列出了商学教育的主要利益相关者。

近20年，大量的教师和学生赴海外进行交流和学习，其规模之大在700年前首批大学诞生之时是完全无法想象的。根据联合国教科文组织的统计，2000—2007年间出国留学的学生人数增长了50％，共计270万人。从1980年以来，赴海外留学的美国学生人数增长了四倍。[108]

数据显示，世界各地商学院的学生流动性更大。2005—2009

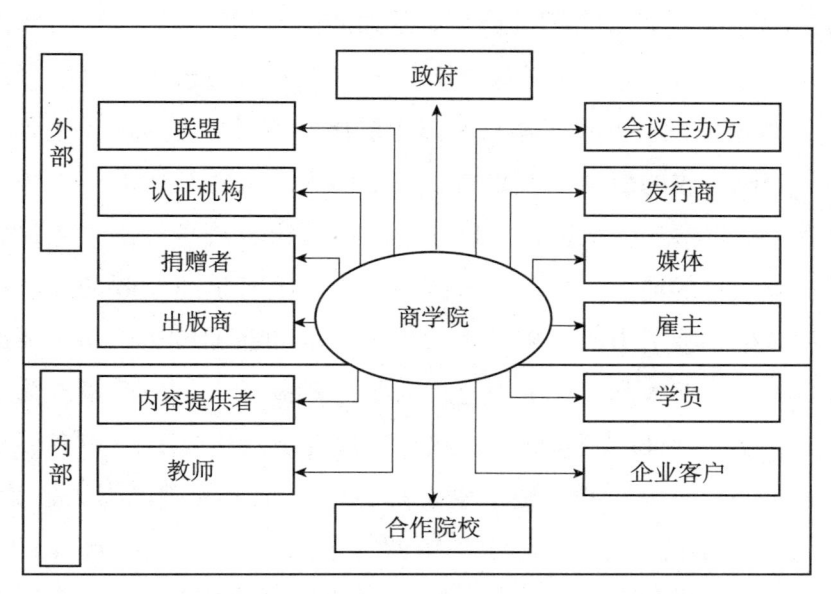

图 6—1　商学院的利益相关者

年，参加 GMAT 考试——商学院在招收国际学生时参考的标准化考试——的人数增长了 32%。更重要的是，同一时期，向商学院呈送 GMAT 成绩的应试者人数增长了 40%，这清楚地说明赴海外商学院学习的人数大幅增加。[109]

实际上，商科是近年来发展最快的高等教育领域。要确切地衡量商科教育的全球需求是比较难的，尤其是最常用的衡量工具——比如 GMAT 考试数据——一般只适用于某个细分市场：美国的 MBA 项目或者采用国际通行招生办法的院校。本科项目虽然在全球范围内发展很快，但是具体需求很难统计。另外，EMBA 项目除了参考 GMAT 成绩以外，一般更看重面试等其他招生标准。[110]

与此同时，越来越多的院校推出了管理硕士项目以及专门为没有正式工作经验的毕业生量身打造的商科项目。此外，EMBA 项目以及不受政府管控的高管培训项目反映了高管人员在整个职业生涯中对学习的需求，也是增长较快的主要业务领域。和其他专业或者硕士项目的毕业生相比，商科学生就业后能拿到更优厚的薪水，可以尽快赚回留学费用，而且他们一般更乐意出国学习，所以商学院的学生流动性更大。2010年，丹·勒克莱尔（Dan Le Clair）在一次AACSB[111]会议上发言时表示，全世界约有12 000家院校开设了本科及以上层次的商科学位项目。

美国接收的留学生人数高于其他国家，紧随其后的是英国和加拿大。近些年，法国、西班牙等欧洲国家也跻身外国学生最青睐的十大目的地国。另外，中国内地、印度等迅速崛起的经济体对留学生的吸引力也越来越大，中国香港和新加坡仍然是重要的教育中心。澳大利亚凭借引进优秀学生和高端人才的政策成为最受国际学生欢迎的国家之一。欧洲管理发展基金会于2005年专门开展了一项研究，调查留学生选择目的国时最关键的考虑因素。37.5%的受访者表示语言环境最重要，优先考虑英语国家；21.7%的人最看重文化魅力；另有21.7%的受访者认为国家声誉最关键，选择气候温和、不远离家人朋友等因素的人只有6%。[112]

调查结果还显示，学生选择报考某个商学院时最看重的因素依次是学院知名度、就业机会、学院信息的便利程度、学院的地理位置以及是否提供资助。有鉴于此，综合参考留学生最青睐的目的国，我们可以推断，教学项目的授课语言、毕业后是否可以轻松获得当地的工作许可证，以及个人的学习体验也都是决定性因素。这表明，英语是全球教育的通用语言，希望在国际舞台上竞争的商学院必须开设英文授课项目。而且，开放的人才流动政策和毕业后留在当地工作的机会也都是吸引留学生的重要因素。

◉ 吸引留学生

近年来，很多国家都力争吸引更多的留学生，澳大利亚在这方面是佼佼者。作为英语母语国家，澳大利亚已经占有先机，同时又比邻东南亚新兴市场，加上政府和教育机构强大的营销能力，顺理成章地成为国际教育中心，给其他国家树立了典范。澳大利亚一共有39所大学（其中两所是私立大学），70家商学院。其国际学生约占全球的11%；各大高校的留学生比例达20%，高于世界各地。2005年，澳大利亚取代美国和英国成为自费留学的首选国家。作为输出国，澳大利亚的高等教育行业价值155亿美元。[113]

IDP教育集团（IDP Education）为该国的国际教育推广做出了巨大的贡献。这家机构成立于1969年，由全澳所有大学和私营企业SEEK共同所有。它致力于积极推广澳大利亚各大高校，具体举措包括提供留学咨询、举办教育展、提供助学贷款和津贴、研究国际教育的最新趋势、组织全球通用的英语能力测试——雅思（IELTS），等等。与各国政府专为吸引留学生成立的其他机构相比，IDP教育集团要活跃得多，而且运营相当成功，目前已经在全球29个国家设有办事处，为学生提供高效的信息查询和在线咨询服务。IDP教育集团的成功表明，在推广国家教育体系方面，公私合营机构往往比非商业化的国营机构运作得更好；同时，也凸显了充分利用有效信息来开拓全球高等教育市场的重要性。

另一方面，澳大利亚政府一直积极鼓励留学生留澳发展，这是国际学生在选择留学时考虑的一个极其关键的因素。根据现行法律，从澳大利亚的大学毕业的国际学生可以获得18个月的临时签证，特殊情况下还可以延签。相形之下，欧洲和美国的签证政策严苛得多。此外，在澳大利亚留学的海外学生可以申请签证，获得半工半读的权利，而且可以转换学分，计入学习成绩。2007年，澳大利亚各主要高校推出"学历资格护照"，类似于欧洲的"学历文凭附录"，列出学生的每门课程和考试成绩，方便学生今后继续赴海外学习深造。所有这些因素，再加上终年气候温和、文化生活丰富、氛围包容开放，都是澳大利亚特别受海外学生欢迎的原因。

◉ 学生流动性：欧洲的博洛尼亚进程

《博洛尼亚协定》是 1998 年在意大利城市博洛尼亚签署的一项高等教育协议，旨在统一整合 47 个签约国的教育体系。该协议得到了签约国教育部长、欧盟和欧洲理事会等代表和机构的支持。

2010 年，《博洛尼亚协定》的首要目标得以实现，几乎所有签约国的高校实行统一的学位体系，以英国现有学制为蓝本，将高等教育划分为两个主要阶段，即本科教育和研究生教育。本科教育阶段至少满三年，顺利毕业之后方可进入研究生教育阶段。学士学位也将作为有效的资历证明，成为欧洲就业市场的重要参考。学生完成研究生教育阶段之后将获得硕士和/或博士学位。

今后，各签约国的高校将推行统一的学制，本科项目三至四年，硕士项目一至两年，博士项目最少三年。《博洛尼亚协定》的主要目的是完善和整合欧洲的高等教育体系，加强学生和教师的流动性，更好地分享信息和科研成果。同时，该协定也希望通过提高教育标准来增强欧洲高校的竞争力，以便更好地与美国高校抗衡。另外，这一举措还意图在欧洲内部创造一个一体化的知识空间，改善教育环境，从而推动经济和社会的良性发展。

《博洛尼亚协定》已经在高等教育领域掀起了改革热潮。正如所料，各界对这些教育改革的褒贬不一，高校体系内部的反对声浪很高。协定执行十年来，本科、硕士和博士项目的学制都已经标准化，就连教学内容和课程名称也都统一进行了调整。就像一些分析人士指出的，改革的成效远不如预想的那样均衡：有些大学借此机会开展了深层次的改革，更好地适应市场需求；而其他学校的改革完全流于形式，没有实质进展。欧洲大学联盟在 2010 年发布的一篇报道指出，《博洛尼亚协定》"没有给课程改革带来多少新意，反而还压缩了本科项目"。[114]

尽管如此，博洛尼亚进程仍然是大规模改革欧洲大学，促使科研和教学适应不断变化的社会需求的最佳机会。这个进程被称为教育界的欧元区，意在创造一个全新的统一知识区，让欧洲成为国际学生的首选。最近几十年，在欧洲顶尖商学院就读的国际学生呈上升态势，而赴美国商学院留学的学生人数却逐渐减少。

欧洲日益成为国际学生向往的留学目的地，不过有的欧盟国家显然比其他国家更受欢迎。2005年，欧洲学术合作协会专门针对美国和欧洲教育市场对海外学生的吸引力进行了调查研究。结果表明，以亚洲学生为例，英国、法国和德国是他们最关注、最了解的欧洲留学国家。学生们认为美国的特色主要是创新、竞争力和活力，而欧洲的亮点则在于文化底蕴、传统和艺术。不过，欧洲和澳大利亚在签证政策方面更具吸引力；欧洲更是以其文化和语言的多样性深受广大留学生喜爱——虽然欧盟国家教育的通用语言是英语。[115]

真正实现区域一体化需要哪些举措？

奥斯卡·王尔德（Oscar Wilde）曾经写道："当神想惩罚我们的时候，就会让我们的祷告实现。"[116]欧洲很多教育工作者对博洛尼亚进程抱有很高的期望，不过实际收效不见得有想象中这么美好。博洛尼亚进程的目标是随着政治、人权、法律、经济和贸易等领域的一体化，创建一个统一的欧洲高等教育区（EHEA）；希望通过营造自由的学术交流环境，吸引更多海外学生来欧盟国家留学，同时加强欧盟国家内部的人才流动，促进文化和理念的传播，提升欧洲与其他高等教育区域，特别是美国高校竞争的能力。然而，一些欧盟成员国——大都位于欧洲南部地区——多次爆发抗议博洛尼亚进程的活动。此外，博洛尼亚进程面临的最大危险是可能成为保护主义的幌子。一些国家政府、地方政府或者学术团体和行业协会可能会借机保护某些学位或非学位项目，阻挠专业人才的流动，拒绝认可他们的专业资格。现实果真如此的话，那将是一场梦魇。现在，欧洲已经有不少工会组织和学术团体反对《博洛尼亚协定》签约国互相承认学生资历。一些学位项目，特别是高级工程专业项目，也拒绝施行新的规定。但是，即便考虑到目前的全球经济危机，博洛尼亚进程也应该是不可逆转的趋势，随着时间的推移和各方的妥协，终将和欧盟其他举措一样克服一切困难。

那么，怎样才能真正实现博洛尼亚进程（我将其称为崇高的理想）的目标？最初的设想是在2010年之前统一欧洲各大学的教学项目和学位体系，这在2010年已经基本完成。

统一欧盟各国的教育体系确实是非常有必要的，除此之外，还需要采取三大举措来实现真正的高等教育区域一体化：

首先，应当建立认证体系和跨国资格认定标准。目前，新的学位项目以及高校颁发的硕士学位和博士学位通常由国家级或者地方级机构进行认证。不过，如果用其他国际性市场或行业作为参考的基准，那就需要通过跨国机构来执行。比如，商学院有三大权威的国际认证体系：美国AACSB（国际精英商学院协会），AMBA（英国MBA协会）和EQUIS（欧洲质量发展认证体系）。这些认证体系除了考核商学院的教学项目质量以外，还鼓励学院结合本土特色和认证标准来谋求更好的发展。世界顶尖的商学院都通过了这些国际认证。如果欧洲高等教育质量保证协会（ENQA）制作出一份欧洲质量评估机构大全，就可以给众多跨国机构提供重要参考，而且，如果能获得其他利益相关者和行业协会的支持，就能进一步扩大国际影响力。

其次，增加信息的可获得性，便于人们将不同院校的毕业生和硕博项目进行横向比较。欧洲高等教育区的一体化意味着教育体系的利益相关者——学生、教师和用人单位——都能充分了解有哪些教学项目可供选择，这就需要详细比较不同院校的教学质量、项目特色、项目培养与雇主用人需求的契合程度，等等。比如，美国有多个认证体系——上文已经提到几个，还有很多专注教育领域的指南、杂志、其他媒体等，它们发布海量信息，学生可以更好地在不同的项目和院校之间进行对比。诚然，这些信息发布机制还有不少亟待完善之处，但是总体而言，它们确实为信息的透明化做出了巨大的贡献，这对任何一个一体化的市场来说都是至关重要的。

最后，应当开发有效的融资渠道，为新的教育体系提供资金上的保证，这可能是实现欧洲高等教育一体化的最关键的因素。一方面，可以利用政府和个人资源给高校提供更多资助，以加大对科研、教学和学生培养的投入，弥补与美国院校的差距。另一方面，还应当鼓励学生出国留学，给他们提供助学金和贷款。如果在助学金和学生贷款方面把欧洲和美国进行比较，可以明显发现欧洲高校获得的外部资助远远少于美国高校。任何新的学生资助项目都应当依靠公共部门和私营部门的合作。有些国家的高校面临结构性融资难的问题，就更需要拓宽和丰富资金来源，才能不落后于其他欧盟国家。

很多商学院已经拥有一定的国际影响力或者致力于提升国际性，高等教育的一体化应该能给它们创造更有利的发展环境。接下来，我们来探讨提升国际性的几个具体方式。

◉ 跻身国际市场

商学院可以通过多种途径在国际舞台上争得一席之地。图6—2根据所需资源以及相应的财务风险和运营风险列举了一些具体方式。

和其他行业不一样，要成为公认的国际化的商学院不一定非

```
            ┌─────────────────────────────────────┐
     +      │                                     │
   存       │            成立多个分校区             │
   在       │                并购                  │
   的       │     网络教学项目和线上线下混合教学项目    │
   风       │              特许经营                │
   险       │             加入国际联盟              │
   和       │                                     │
   所       │                                     │
   需       │                                     │
   资       │                                     │
   源       │                                     │
     -      └─────────────────────────────────────┘
```

图 6—2　跻身国际市场的途径

要在海外设立实体办事机构，或者在其他地点建设分校区。只要能吸引众多留学生，聘请海外师资，在项目设计和运作上注重国际性，那么即便只有一个校区，学院也可以实现真正意义上的国际化。从这个意义上说，教育不同于咨询或其他服务性行业，后者必须在海外设立办事机构才能更好地拓展国际市场。

商学院在制定国际化战略时经常借鉴麦肯锡、埃森哲、普华永道等公司的经验。这些公司奉行统一的战略使命，拥有极富凝聚力且井然有序的企业文化，都在海外设有分支机构。而且，按照巴特利特和戈沙尔的评价，这些公司都是"跨国组织"的典型代表。[117]

近年来，在海外建立分校区的商学院越来越多。欧洲工商管理学院率先试水，于 2000 年在新加坡兴建了分校区。学院以"一所学院、两个校区"为口号，在法国和新加坡开设了 MBA 等项目，两个校区的项目设置和配套服务完全一样。后来，欧洲工商管理学院又在阿布扎比建成了一所分校，不过开设的项目种类少一些。美国和欧洲的其他商学院也都跟风效仿。例如，因为德国是经济最发达的欧盟国家，而那里却缺少顶尖的商学院，杜克大学福库商学院选择在法兰克福设立分校区，希望以德国为据点，大力开拓欧洲教育市场。只可惜，福库商学院的这一举措没有成功，其法兰克福分校几年后关闭了。芝加哥大学布斯商学院最初在巴塞罗那建成分校区，专门为欧洲学员开设 EMBA 项目。后来，学院决定将分校区迁至伦敦这个重要的国际金融和商业中心。英国诺丁汉大学商学院在中国设有分校，并且计划扩大其教学规模。

在海外设立分校需要耗费大量的资源，可能是风险最大的一个发展战略。通常，当某个国家或者城市伸出橄榄枝并且承诺给予政府补贴、税收减免、赠送土地使用权等优惠条件时，学院才会决定在当地建设分校区。

另外，主校区的运营模式是很难完全复制到海外分校的。高校的认可度和其地理位置紧密相关。例如，常春藤盟校正是凭借悠久的历史和卓著的声誉成为人们向往的高等学府，我称之为"常春藤综合征"。基本上可以说，学生报考其中一所学校时一定是非常喜欢那里的环境，希望置身其中亲身体验一下，轻抚砖楼墙上蔓延着的常春藤。随处可见的常春藤和古典的建筑风格载负着历史的沉淀，也续写着不朽的传奇。各大名校深知这是笔宝贵的财富，精心维护着这些传统的景观。要想依葫芦画瓢，在海外复制出一个一模一样的校区可谓难上加难。比如，美国田纳西州的首府纳什维尔按照1∶1的比例完整地"复原"了雅典的巴台农神庙，其中雅典娜女神像（2 500年前由菲狄亚斯（Phidias）创作的雕塑珍品）的仿制品堪称完美。但是——你一定会有同感——这绝对比不上真正的雅典卫城之行带来的那种摄人心魄的震撼。

维护学院品牌和学术水平的统一性可能是在海外运营多个分校的最大难题。某一个校区——通常是主校区——难免会优于其他校区。而且，指派教师去不同的校区涉及诸多因素，即便出台专门的激励机制也不见得奏效。哈佛商学院首位印度裔院长尼汀·诺瑞亚（Nitin Nohria）上任不久后去了趟亚洲，随后即澄清说，他的履职或者此次亚洲之行都不代表哈佛商学院打算在短时间内建立海外分校。"我觉得没有必要，我们也没有这种野心。我们做的事业是追求知识，而不是追随市场需求。"

诺瑞亚教授的话不无道理，要知道哈佛商学院的收入中相当大一部分来自旗下的哈佛出版公司，特别是案例的销售收入。诺瑞亚院长表示，哈佛商学院的未来战略仍然倾向于在亚洲运营研究中心和高管培训项目等"小范围的实体办事机构"，这将给学院带来"大规模的知识影响力"。[118]"我们会一如既往地深深根植于美国，"诺瑞亚说，"这是我们的传统，美国是我们的所在地。"他还提到，现在哈佛商学院的学生中有40%左右来自美国以外的国家和地区，学院不会刻意增加这个比例。"这个比例应该达到50%还是60%？我们还是应该以择优录取作为根本原则，"他表示，"这一直是美国教育机构的强大优势，我就是例证。国际学生越来越多，是因为世界上最优秀的学生群体本就是这样多元化，并不是我们刻意设定的招生目标。"

这些评论值得特别关注。首先，世界上每一家商学院都希望招到最优秀、最有潜力的学生。问题就在于——本书第9章将展开讨论——各学院如何界定什么样的学生才是最优秀的。是那些富有创业精神的，还是那些相对于分析能力而言，情商更高的，抑或那些工作经验丰富、一贯能够达成工作目标的？

其次，除了力图吸引最优秀的学生以外，学生构成其实是学院教学项目的一个重要特色。比如，如果以创造多元化的学习环境为目标，那么根据性别多样性、少数族裔或者国籍来设计理想的学生结构，就是教学过程不可或缺的一部分。

● 美国商学院的国际化方式

那么，为什么美国作为商学院的诞生之地，在国际性方面却很成问题呢？[119]其实，美国很多商学院之所以倾向于招收本国学生，正是受其商业模式所限。美国商学院，尤其是顶尖商学院的一个重要收入来源是校友捐赠，如果招收大量的留学生，可能会蒙受很大的财政损失。留学生往往不认同美国的"回馈母校"文化，而且很可能在毕业后回本国工作，而回国后给美国母校捐赠又不能享受税收减免，所以捐赠的可能性比较小。因此，美国商学院何必为了提高多样化而冒险改变运作良好的创收模式呢？更何况，美国的一流商学院并不一定非要通过多招留学生才能提升国际性，它们可以大力开展交换生项目、海外办学项目和其他课外活动，在推进国际化的同时确保其主要依赖校友捐赠的商业模式不受影响。

战略联盟和抢椅子游戏

如果企业想进军新市场，但是缺乏资源做不了巨额初始投资，或者所在的行业管制重重，那么组建战略联盟就是比较合适的解决方案；这两种情境均适用于管理教育。新进入者可以通过战略联盟从当地合作伙伴那里获得经验和信息，这对于深受文化差异影响的行业领域来说尤为重要。

正因为如此，最近很多商学院为了加快国际化的步伐纷纷结成战略联盟。合作形式除了传统的学生交换项目以外，主要还包括联合培养项目，双学位项目，建立多边的、多功能服务综合体或者多层面的战略合作关系，等等。

到目前为止，最适合打造成联合培养项目和双学位项目的是EMBA，通常以全球视角为特色，采用模块式教学。值得一提的是，《金融时报》2010年排名前100的EMBA项目中，有13个是两家或两家以上商学院携手推出的联合培养项目或者双学位项目，而且前三甲都是合作办学项目，分别是：西北大学凯洛格管理学院与香港科技大学商学院合办的EMBA项目；哥伦比亚大学商学院与伦敦商学院合办的EMBA项目；巴黎高等商学院、伦敦经济学院和纽约大学斯腾商学院合办的Trium项目。[120]从众多学院联手推出国际 EMBA 项目的经验来看,对于仅凭自身力量无法企及的市场,各学院可以通过合作办学的方式来突破瓶颈:集中资源、共担风险,同时保持品牌认知度。例如,凯洛格管理学院在 2010 年《金融时报》排名中占据四席,包括与香港科技大学商学院合办的 EMBA 双学位项目(第 1 名);与德国奥托贝森管理学院合办的 EMBA 项目(第 14 名);与纽约大学斯腾商学院和加拿大约克大学舒立克商学院合办的 EMBA 项目(第 23 名);学院自己的 EMBA 项目排名第 19 位。凯洛格管理学院还与以色列特拉维夫大学 Recanati 商学院合作推出首个 MBA 双学位项目。显然,这种合作办学模式带来了规模经济效应——缩减管理成本和课程开发成本,集中所有学生分模块上课,能深入洞察全球市场,其协同效应也是显而易见的:凯洛格管理学院把握学术前沿,提供最高水准的课程方案,其合作方则负责项目在当地的商业运作和市场推广。

商学院战略联盟的另一个重要形式是针对管理教育的细分市场建立全球化的联盟。例如,欧洲硕士联盟(CEMS)由全球 25 家商学院组成,共同推出国际管理硕士项目,同时在共享师资、教学资源和内部运作管理机制方面实现协同效应。这类联盟组织通常也会开展合作,为一些具体的教学项目设立市场规则或者办学标准。具有代表性的还有 Sumaq 联盟,该联盟由西班牙 IE 商学院联合另外七家拉美顶尖商学院成立,旨在联合开发高管培训项目并推动应用研究。

和其他行业一样,商学院之间的联盟也有不成功的时候,不见得能实现预期收入或者按计划开展合作。实际经验表明,约有 50% 的战略联盟以失败告终。这个失败率可能也同样适用于教育界,只是很难全面进行评估,因为院校的结盟即便起步很慢或者中途停滞,在形式上仍然存在。同样,虽然很难判断创收的可能性究竟有多大,很多院校仍然会尽力组建战略联盟,因为只有这样才能抵御教育行业的不确定性和多变性,应对全球化和新技术带来的挑战，与不同国家和领域的竞争对手抗衡。

与教育领域已经涌现的并购等更深层次的合作形式相比，战略联盟的弊端很明显：联盟成员之间的关系很脆弱，需要悉心经营；制定利益分配的规则也绝非易事。虽然困难重重，但是我认为无论资源充足与否，未来没有哪家商学院可以单打独斗、不寻求战略合作伙伴就能在竞争中生存下来。相信在未来几年，战略联盟将蓬勃发展，而且合作内容将远不止于联合培养或者双学位项目。

战略联盟也给各学院创造了外部优势，可以将一家学院的形象与另一家具有国际声望的学院绑在一起，从而让报名的学生和企业合作伙伴等外部利益相关者更认可学院带来的附加值。此外，战略联盟对学院的 EQUIS，AACSB 等认证评估工作大有帮助，也有助于提升学院在《金融时报》等媒体上的国际排名。

与此同时，战略联盟还可以给学院内部带来很多益处，既可以创造协同效应，节省资源或者集中资源——比如通过共享师资来解决常见的教师稀缺问题，也可以促进科研合作、开发在线教学平台、吸引生源等。图6—3列出了商学院在确保其品牌认知度或者竞争优势的前提下可以围绕其价值链开展的一些活动。

商学院的价值链	研究新课题，创造新知识
	教育内容和专业内容
	传播知识
	培养师资
	开设教学项目：交换项目、双学位项目、联合培养项目
	营销与传播
	职业发展服务
	校友
	高管培训与企业伙伴

图6—3 商学院的价值链

伊夫·多兹（Yves Doz）和加里·哈默尔（Gary Hamel）[121]

提出的理论体系特别适合用来分析教育界的战略联盟。他们认为，应该将传统的合资企业形式与"新型的战略联盟"区分开来。前者一般专注于某一个目标，有时间上的限制和特定的合作范畴，比如之前提到的双学位项目；后者既没有明确的使命，也没有预先设定创造价值的方式，各个成员可以通过多种方式发展合作关系。就这种联盟的成员合作关系而言，持续有效的管理比初始规划更为重要，合作双方都必须适应不断变化的环境。

我相信，未来，这些肩负多重使命、机制更灵活的新型战略联盟将在商学教育领域发挥重要的作用，尤其是创造规模经济效应，更好地应对日益激烈的国际竞争。目前，航空、媒体、出版等行业以及咨询等专业服务领域的整合正在提速，这些战略联盟也终将推动教育行业的整合。

耶鲁管理学院院长泰德·斯奈德（Ted Snyder）在 2011 年欧洲管理发展基金会院长会议上致辞时谈到了美国商学院日趋激烈的竞争和整合趋势。他问大家，美国能同时存在多少家有着"一揽子雄伟战略"的商学院，意即那些拥有一流的师资和学生、重视科研、富有国际影响力、拥有先进的教学设施的商学院。他给出的答案让在座的很多听众感到不安——最多不超过十家。显然，他的这个预言是以市场规模保持不变为前提的。实际上，美国有很多这种商学院都在海外开设了教学项目和办学中心，从而拓宽了市场空间。[122]

不止如此，在全球范围内，商学院的竞争也在不断加剧。我曾经问塔克商学院院长保罗·达诺斯将来常春藤盟校会不会通过合并的方式来创造规模经济效应，聚集资源，抵御国际竞争。他说应该不会，但是不排除有结成战略联盟的可能性，因为战略联盟组建比较快，运作起来也没那么复杂。

与欧洲一流商学院相比，美国顶尖商学院的创收高出两倍，教师规模和校友规模更庞大，而且捐赠等外部资金渠道更加通畅。如果说美国的商学院都将出现整合的趋势，那么欧洲、拉丁美洲甚至亚洲等世界其他地区就更当如此了。不久的将来，我们可能会看到类似于抢椅子游戏那样的情景，大型的商学院集团将会出现，它们秉承高水准的教学质量，在全球各地提供服务。

有鉴于此，我想结合自己的经验提一些建议，希望有助于新型战略联盟的发展。第一，院长们应该在思考和确定联盟使命以及各种合作洽谈的过程中发挥主导作用，以便更快地就重大事项达成一致。第二，战略联盟主要创始人之间的个人关系尤为关键。除了保持积极的人际关系以外，他们还应当对行业的未来发展方向和发展战略有一致的判断。如果侧重运营情况而忽略战略目标，联盟往往会以失败告终。第三，联盟成员应当力争双赢。就像人与人之间的关系一样，联盟不可能随时给所有成员带来相同的益处；重要的是从长远来看，合作各方都认为产出大于投入。

每位院长都应当把战略联盟放在其战略议程的首位，聘任他们的理事会也将以此考核其在任期间的业绩。从媒体的密集报道来看，未来战略联盟的数量将持续增多，其中很多联盟都会独具特色。院长们都应该争取在乐声停止之前找到属于自己的椅子。

教育特区

教育特区（Educational Hub）的兴起是高等教育全球化的另一个有趣现象。在教育特区，众多教学机构云集，可以吸引来更多的优秀教育资源和生源。现在，这种教育特区已经逐渐扩展至新兴经济体，可以有效地帮助这些国家提升教育水平，发展知识经济。比如，中东地区建设了好几个教育特区，吸引了一批世界一流商学院的加盟。迪拜的"知识村"是拥有顶级办学条件的教学区，其"迪拜国际学术城"更是吸引了多家外国高校进驻。类似的还有卡塔尔的"教育城"，该特区由卡塔尔教育、科学和社会发展基金会创办，位于多哈郊区，占地 2 500 英亩。

阿布扎比政府也招揽了一批顶尖的教育机构，欧洲工商管理学院就是其中之一。该学院在这个酋长国设立了永久校区，提供部分全球 EMBA 课程。阿布扎比政府还与巴黎第四大学达成了国际合作协议。

印度也效仿这种教育特区的模式建设了"教育城"，由 GD Goenka 教育信托集团所有，位于德里国际机场附近，占地 60 英亩。从 2010 年开始，兰卡斯特大学管理学院与该信托集团合作开办两年制国际 MBA 等一系列教学项目。

在欧洲，牛津大学、剑桥大学等教育中心已经有数百年的悠久历史。它们旗下的商学院虽然成立时间不长，但是可以依托母校雄厚的资源和背景获得重要的优势，在新兴教育市场也具有强大的竞争力。例如，牛津大学赛德商学院凭借其很高的品牌认知度在阿布扎比和沙特阿拉伯一举拿下多个高管培训项目。2008 年 1 月，学院正式在阿布扎比启动"领导力培训项目"，学员是当地 200 多名高层公务员。

伦敦商学院自 2008 年 9 月开始举办"迪拜-伦敦 EMBA"项目，学制 16 个月，由学院教师负责在迪拜国际金融中心和伦敦商学院两地授课。曼彻斯特商学院在迪拜知识村设立了中东中心，为其在迪拜的远程 MBA 学生提供支持和协助。华威商学院——英国的另一家顶级商学院——也与当地合作伙伴 Knowledge Horizon 携手合作，在海湾地区开设了远程 MBA 项目。

推行《博洛尼亚协定》之后，欧洲也将出现很多独具特色的教育中心、教育城或者更大范围的教育资源集聚地，它们都将以卓越的学术水平著称，或者吸引一大批富有影响力的教育机构。在其他全球性的行业，区域中心发挥着重要的作用，可以集聚业内和相关行业的众多企业，迈克尔·波特等著名学者都已经论证过这一点。比如，硅谷是电子商务创业公司的集聚地，米兰享有时尚之都的美誉。如果管理教育也像其他全球性行业那样发展，那么教育特区不仅会出现在欧洲的高等教育版图上，而且还将大放异彩。有意思的是，美国的管理教育市场已经形成了一些具有鲜明特色的教育特区，其中波士顿和芝加哥是人们最常提起的两个地区。

一些分析人士把某些城市划归为顶尖商学院的集聚地，这恰好体现了管理教育的"聚集化"现象。比如，《金融时报》几年前发表文章指出，在纽约、芝加哥、伦敦和马德里，高管教育培训机构云集；而《华尔街日报》则分析了一些欧洲城市——特别是伦敦、马德里和巴黎——为何能聚拢众多国际排名领先的商学院。[123]

创立管理教育特区要考虑哪些重要因素呢？商业集中程度、教育机构的数量和质量、文化因素——比如，所在城市的文化生活、语言环境、休闲娱乐和体育设施、生活成本，甚至气候条件等都是至为关键的。不过，这些特区的生存能力还取决于相关各方——特别是地方政府或者地区政府——的积极性和主动性，以及基础设施、通信条件、安全保障、生活质量等其他外部因素。城市排名也很可能会有一定的影响。

从某种程度上来说，新技术的发展和全球化这两大趋势对高等教育的影响已经广为人知。同时，它们也是其他许多行业变革的重要驱动力。而第三个重要趋势却为教育行业所独有：关于知识的内容和本质、知识的来源以及知识的传播方式，我们的认识是不断发展变化的。

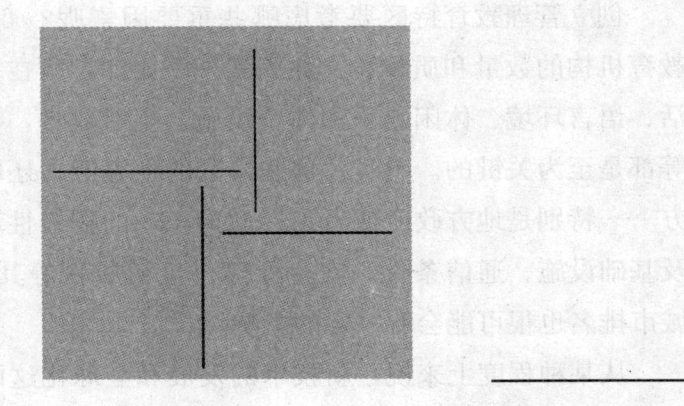

第 7 章
知识的熔炉

第 7 章　知识的熔炉

塑造未来学习曲线的第三个趋势与全球化是密不可分的，即知识本质的变化，特别是——用一个新词来表达——知识的"全球本土化"：思想和理论既可以跨国传播和交融，在世界各地被广泛采纳和应用，也需要根据本土需求相应调整和内化，成为不同文化的特色产物。这在商学教育领域尤为突出，因为商学院一直是教育全球化的先行者。比如，全世界的商学院教的管理工具都一样，但是实际应用时通常将本国企业作为案例研究对象。在任何一个 MBA 项目都可以学到波特的"五力分析模型"，但是具体进行战略分析时一般都用本土案例——在墨西哥蒙特雷理工大学会分析墨西哥企业；在中欧国际工商学院会研究中国企业。

如果说高等教育和其他社会经济活动一样具有全球化的特性，那么除了教学项目和办学模式逐渐趋同以外，国际化和全球一体化进程将加剧高校之间的竞争。现在，教育机构的市场空间已经变得更加广阔。它们不仅要力争吸引最优秀的师资和生源，还要抢占最好的资源，比如个人和机构的捐款——美国高校普遍采用的筹资手段。全球化也意味着教育机构在海外设立办学点的门槛将越来越低。

例如，英国，特别是伦敦，已经取代波士顿成为世界上最重要的高管培训基地。而后者多年来集聚了一大批世界上最顶尖的商学院。伦敦的成功有多重因素：跨国公司高度集中，而且作为一国之都，是重要的金融中心。此外，英国为海外高校营造了宽松的法律环境，对于世界知名的高校还会给予办学津贴和税费减免。当地能提供优质的服务和便利的交通通信条件，而且英语又正好是国际贸易的通用语言。将来，肯定会有不少城市效仿伦敦和新加坡来建设教育中心。

高等教育的全球化是大势所趋，但不可避免地总会遭到一些阻挠。个别国家专门采取一系列干预措施，防止海外教育机构进驻国内。有必要再次重申一下，和其他领域一样，在教育领域施行保护主义只会造成危害，不仅有损办学质量，还会丧失竞争力。

◉ 知识有赖于具体情境

什么是知识？这个问题看似简单，其实很难回答。实际上，知识有很多不同的内涵和外延。辞典上对"知识"的解释是："从实际经验中了解或者熟悉的内容；个人掌握的一切信息；或者关于某事物的具体信息、客观事实或情况。"[124]这些都适用于教育，不过我们首先想到的通常是最后一个解释。值得注意的是，事实和信息并非一成不变。美国的国内生产总值不是静态数据，日本的人口总数也在实时变化。但是，把知识与具体情境相结合时，知识就是稳定的、静态的；也就是说，如果把知识放在具体情境下来理解，知识就具备时效性和应用性。

比如，当今MBA学生不仅需要了解各种管理模型和管理理论，还需要体验真实的跨文化环境和最先进的技术工具。简而言之，我们对知识的理解是不断变化的。

商学院是围绕管理开展科研和教学工作的。管理是普遍存在的，同时也反映了具体文化背景下不同的价值观和传统。以资本资产定价模型（CAPM）为例，该模型以无风险折现率、市场回报率和证券波动率为基础，帮助投资者对股票等证券产品进行定价。全世界的金融课程教的都是同样的计算公式。

尽管如此，该公式所用到的各项系数却是依赖于具体情境的，评估公司价值时应当考虑到公司的实际运营环境。此外，有资产评估经验的管理人员也知道，考虑是否收购一家公司时虽然必须进行概念分析或者理论分析，但最终还是要依靠个人预期等难以量化的因素，甚至是直觉判断和对买卖双方的情感认同。

管理的全球化绝不代表知识的标准化，并不是所有的商学院都以同样的方式讲授同样的内容。各学院不仅在具体情境、项目的国际定位或本土定位方面差别很大，在文化和价值观、师资水平、学生构成和教学内容等其他方面也都大相径庭。行业分析人士常常提到，不同的商学院即便研究同一个案例，学习体验也是不一样的。

另外，属于同一个战略集团的商学院虽然在形式上有些共同点，但是在具体运作上往往千差万别。作为 EQUIS 和 AMBA 两大认证的评审委员，我参与了多家商学院的认证评估过程，印象最深的一点就是这些学院在使命的表述上极为相似。很多商学院都声称以"为国际社会培养领导者"为己任，而根据我的个人经验，各学院对"领导力"、"培养"和"国际社会"的理解存在相当大的差异。

约翰·米克尔思韦特（John Micklewait）和阿德里安·伍尔德里奇（Adrian Wooldridge）在《企业巫医》一书中预言说："全球化将开创一个'全球'产品标准化的时代；大型跨国公司将大获全胜；地理位置将变得无关紧要。"[125]

正像他们所指出的，实际上全球化已经产生了两种相悖的影响，就像是同一枚硬币的正反两面：思想、价值观、产品和业务逐渐趋同；而与此同时，明显带有地域特征和国别特征的习俗等方面的差异化日益突出。

在这里，我们不妨来梳理一下商学院的主流办学模式，看看这些模式有没有反映多元的管理文化；如果有，再接着分析哪些模式成功的可能性最大，哪些模式最可能被中国和印度等新兴经济体国家采用。

火星与金星：美国商学院与欧洲商学院

人们传统上认为，美国商学院和欧洲商学院在办学模式上差别很大，可是实际上，两者的共同点更多一些。包括欧洲工商管理学院在内的顶尖欧洲商学院其实是参照哈佛商学院等美国商学院的模式建立的,而且创始人往往都毕业于美国的知名高校。只是,欧洲商学院所处的环境和美国商学院大不相同,所以随着时间的推移,这些学院受环境影响做出了适当的调整。

有些人认为欧洲和美洲(关于加拿大是否包括在内尚存争议)在社会和思维方面差异巨大,把它们比作火星和金星。这个比喻常用来描述大西洋两岸在理解社会问题、哲学和宗教等意识形态方面存在的天壤之别。那么,在管理教育领域是否也同样如此呢?

美国商学院和欧洲商学院的差别从根本上来说是由它们的文化特色和结构特点决定的。一直以来,美国商学院和欧洲商学院在制定战略和决策时对利益相关者的重视程度不一样。20年前,在美国,过多地考虑利益相关者只会被嘲讽为共产主义;管理者追求的唯一目标是股东利益最大化。而欧洲商学院则受到独特管理文化的影响,不仅对股东负责,还全盘考虑众多利益相关者。

欧洲商业环境的一大特色是严格受到政府管控。政府起着决定性的作用,往往是大型企业的主要股东,此外还通过颁发执照、制定税率、批准并购等行政手段对企业决策施加控制。例如,德国法律规定,上市公司的监事会必须有工会代表。在法国,管理人员经常会提到"统制主义"("dirigisme")一词,意指法国政府对市场的强势干预。[126]唐·安图尼斯(Don Antunes)和霍华德·托马斯(Howard Thomas)的观点也反映了这一现象,他们认为欧洲所有的商学院都"受到所在国家的文化、法律和制度等一系列因素的影响"。[127]

此外,美国院校非常依赖捐赠收入,其MBA市场的规模、同质化程度和完善程度堪称世界之首。而欧洲的管理教育还不太成体系,商学院的办学模式各异。如果让我用一个词来形容欧洲的高等教育,我想"多样化"是最合适不过的了。美国的教育市场规模庞大,商学院资源雄厚,所以拥有更多的研究型教师,学院品牌的作用更是举足轻重。而欧洲商学院的收入几乎完全依靠项目学费，公立大学的收入大部分来自政府补贴。

表7—1列出了一些结构性因素，通常认为这些因素是美国商学院和欧洲商学院之间存在差异的主要原因。

表7—1　美国商学院与欧洲商学院的对比

美国商学院：结构性因素
- 股东文化
- 重视学位教育，认为MBA学位是未来从事管理工作的必要准备
- 教师的聘用和晋升实行终身制
- 科研：侧重学术研究
- 大力融资：巨额捐赠收入
- 媒体文化，品牌知名度尤为重要

欧洲商学院：结构性因素
- 利益相关者文化
- 教育环境严受管控，未来制度存在不确定性，主要把MBA视为毕业后的充电学习阶段
- 教师的考核参照咨询业模式：绩效与晋升挂钩
- 科研：侧重应用研究
- 公益文化，捐赠收入很少
- 文化和语言的多元化

美国：MBA项目特色
- 学生一般年纪不大，美国本地学生居多
- 学制：一般两年
- 教学内容以硬技能为主
- 重点关注美国
- 雇主大都是《财富》500强企业和行业领先公司

欧洲：MBA项目特色
- 学生更年长，来自不同国家和地区
- 学制各异，不过越来越多的项目开始推行一年制
- 教学内容注重实用性：以软技能为主，传授不同的方法论
- 视野开阔，没有特定局限
- 雇主类型多样：创业企业、中小企业等
- 授课语言多样化

实事求是地说，美国对管理教育的贡献很大，是管理教育的发源地。史上首个MBA项目是由位于新罕布什尔州的达特茅斯学院创办的。而在欧洲，直到20世纪五十年代后期商学院才开始兴盛起来。

值得注意的是，很多商业案例表明行业先驱不一定能续写辉煌，永远作为行业标杆。自莱特兄弟（Wright Brothers）试飞成

功之后，整个20世纪，美国一直占据世界航空业的龙头地位。然而最近这些年，空中客车公司——欧洲多个国家联合组建的飞机制造企业——已经取代美国波音公司成为商用航空领域的佼佼者。

回首过去十年，欧洲商学院似乎已经迎头赶上美国商学院，不再像以前一样屈居其后。不过，如果亚洲商学院不能推出有明显创新的发展模式，那么美国商学院的领先地位至少还可以再保持十年。高等教育行业因为受到高度监管，变化没有其他行业那么快，目前看来应该不会有颠覆性的大动作。

虽然这两类管理教育模式差别很大，但是趋于融合是不可阻挡的潮流：这是全球化的必然结果。"火星"和"金星"的后继者会倾向于效仿哪一方呢？我想，中国和印度的一流商学院仍然会认可美国商学院的品牌影响力和历史地位，在制定发展战略时着重参考美国模式。尽管如此，我还是认为欧洲商学院在地理和文化上与亚洲商学院更为接近，更方便建立联系，其模式更容易复制。亚洲商学院最终很可能会形成独具特色的办学模式，尽管这需要有长期的理论基础。

◉ 印度的召唤

欧美商学院对印度的兴趣十分浓厚。近十年来，印度经济迅猛发展，迫切需要培养具备国际视野的杰出商业人士。由于国内对MBA毕业生的需求激增，MBA项目的数量也随之呈现爆发式增长。目前，印度有1 100多家商学院和高管培训中心，每年培养75 000余名MBA毕业生，成为全球发展最快的商学教育市场。即便如此，顶尖管理人才仍然供不应求，一些知名商学院的MBA项目招生名额限250人，报名人数却超过125 000人，是世界上录取率最低的项目之一。

与此同时，申请赴海外留学的印度学生人数也稳步增长。根据美国研究生入学管理委员会（GMAC）的统计报告，去年，近2/3的美国全日制MBA项目收到的海外学生申请中，印度学生都占最大比例。在欧洲，情况也差不多。以IE商学院为例，印度是其MBA项目的第三大生源国。我们的经验表明，相较其他留学生，印度学生的分析能力和学习潜质更强，这体现了印度的优质教育和精深文化。在我的印象中，印度学生还有一个特点，就是能够包容不同的文化，从而在多元化的情境中——比如我院MBA课堂——获得最佳的学习效果。我试着分析印度学生为何这般兼容并包，终于在印度裔诺贝尔经济学奖得主阿玛蒂亚·森（Amartya Sen）的作品中找到了合理的解答。在其备受关注的《惯于争鸣的印度人》一书中，他解释说："印度自古以来有一个优秀的传统，即认为多元化是一种自然的状态。公元前12世纪，阿育王就曾指出，人们有着各自不同的信仰，应当相互倾听、相互争辩。也就是说，要能包容异端主张。"[128]他在短篇论文《印度面面观》中再次提到："印度的宽容博大和我们的争鸣传统是密不可分的。"[129]

这种争鸣的传统和开放性的多元文化为知识的发展提供了沃土，从而能更好地促进印度商学院的研究和创新。在其他一些新兴经济体国家，政府虽然在教育领域投入了大量资源，却没有提供一些基本的自主权和民主环境；和这些国家相比，印度自1947年独立以来就确立了民主制度，传承包容精神，这给创新思想营造了有利的环境。有意思的是，印度也为世界贡献了一批管理学大师。在印度文化中，大师用"guru"一词来表示，意指那些能够摧毁黑暗、给复杂问题赋予意义和带来光明的领袖人物，这正是当今商业世界所急需的。普拉哈拉德（C. K. Prahalad）和戈沙尔就是数十年来众多印度裔管理界权威中的两位杰出代表。哈佛商学院和芝加哥大学布斯商学院这两家美国顶尖商学院都聘任了知名的印度裔学者作为院长；同样，欧洲工商管理学院也聘请了凯洛格商学院前任院长迪帕克·贾因（Dipak Jain）出任院长一职。这一切并非巧合。

印度经济飞速增长，而且英语又是官方语言，因此，所有迹象都表明，印度很快可以发展成为商学教育超级大国。不过我认为，要实现这一点，还需要一些重大的变革和转型。首先，虽然位于艾哈迈德巴德、班加罗尔和加尔各答的印度管理学院已经发展成熟，在就业竞争力和薪资待遇方面可以媲美美国商学院，但是跻身世界权威排名的印度商学院还屈指可数。比如，2010年《金融时报》排名前100的MBA项目中独有印度商学院（ISB）一家，而中国有三家商学院入选，新加坡有两家。奇怪的是，印度的商学院在其他一些重要的商学教育领域也表现暗淡：最新的一期《金融时报》EMBA项目排名中没有一家印度商学院，而中国和新加坡分别有五家和三家入围。

其次，很少有印度商学院获得过EQUIS，AMBA或者AACSB国际权威认证。国际认证是相当重要的，因为整个认证过程参照国际标准来评估学院的办学质量，获得认证的学院也就能够更好地吸引国际生源。在这方面，印度的商学院同样落后于其他亚洲竞争对手。比如，目前仅有两家印度商学院通过了EQUIS认证，而中国获得EQUIS认证的商学院已经有七家。

最后，关于印度商学教育的信息透明度有待提高，另外，还需要加强对印度商业环境的研究。近年来涌现了一大批关于印度的管理文献，预计今后还将继续增多。《印度之路：印度商业领袖如何实现管理革命》一书分析了许多印度企业的成功案例，其中包括塔塔集团（Tata）、维友康电子（Videocon Industries）、兰伯西制药公司（Ranbaxy Laboratories）和HCL科技有限公司等著名的新兴跨国公司。我发现印度的企业领导人有一个特点，即非常注重个人价值观、发展远景和战略思考。希望东西方的商学院都能学习这个经验，大力推动商学教育的发展。

◉ 中国，教育大国

2010年10月，我应邀参加了中国人民大学商学院的60周年院庆活动。庆典仪式在学校的大讲堂举行，极具渲染力的多媒体宣传片和流畅紧凑的活动流程堪比奥斯卡颁奖典礼。回想起来，让我感触最深的有两点：

其一，庆典活动设置了特别环节，专门感谢那些为培养新一代教育工作者做出重要贡献的退休老教师，这充分体现了中国人对传统的深切尊重。在成立初期，学院的发展深受当时苏联——中国在政治和文化上的盟国——的经济类和工程类院校的影响，院庆活动的主办方显然没有忘记这段历史。

我想，这能让我们更好地理解中国的市场经济发展过程和民主化进程：中国的社会发展和制度建设经过长时间的洗礼，是数千年悠久传统的积淀和借鉴外国经验的结果。

此外，中国的社会和文化在转型过程中一直保持着较好的连续性；无论功过与否都不会抹杀历史。对老一辈——比如学校的老教师——的敬重体现出的对传统的尊重，是制度延续性的重要保障。

其二——可能看起来和上述内容有些矛盾——中国人民大学积极探索前沿的管理理论，放眼国际教育市场，推出新的教学项目，加速提升国际性，其商学院宣布的一系列新举措也体现了理论与实践的密切结合。

在尊重传统的同时展望未来，这种看似矛盾的说法恰恰彰显了最具中国特色的哲学精髓——阴阳学说，即世界万物皆有阴阳，阴与阳看似相悖、实则互补，阴阳平衡方能久远，甚至在商业世界也同样如此。这种二元思想对中国的和谐稳定大有裨益，同时也给包括商学院在内的整个社会的快速变革创造了环境。

截至本书付梓之时，中国一共有 237 家教育机构获得政府批准开设 MBA 项目，学员总数约 70 000 人。几乎所有的 MBA 项目都由公立大学旗下的商学院开设，所以招生人数和培养目标均受政府监管。不过，有两家商学院异军突起，它们都不属于公立教育体系：中欧国际工商学院（CEIBS）成立于 1994 年，是在欧洲管理发展基金会的支持下，由欧盟委员会和中国对外经济贸易合作部联合组建的。该学院目前已经成为亚洲高管培训领域的标杆。另外一家是长江商学院，于 2002 年在首都北京成立校区，由商业巨头李嘉诚捐资创办。该学院在中国企业界享有很高的声誉。

中国有三大管理教育中心：北京、上海和香港。香港的教育体制不一样，而且因为曾经受到英国的殖民统治，在一定程度上仍然受到英国传统的影响。根据各项国际排名，在北京，最有国际影响力的商学院都是公立大学旗下的学院，包括北京大学光华管理学院、北大国际 MBA（BiMBA）、清华大学经济管理学院、中国人民大学商学院和 Tongi 大学*。在上海，最重要的体制内商学院有复旦大学管理学院和上海交通大学安泰经济与管理学院。有国际视野的院校在香港最多，包括香港科技大学、香港中文大学、香港大学、香港城市大学和香港理工大学。

我在很多会议场合与中国商学院的院长们有过接触，不得不赞叹他们在加强国际竞争意识、拓展海外影响力和积极适应新的全球商业环境方面的胆识和魄力。与此同时，我也时常和他们谈到，中国商学院，特别是北京和上海的商学院，应该推行一系列改革，更有效地提升国际竞争力。建议主要从以下四个方面着手：

1. 学院需要更大的自主权根据发展的需要制定合适的战略。目前，体制内商学院的自主空间非常有限，培养方案、招生规模和学位项目的设计和调整都需要经过严格审批，没有多少话

---

* 疑有误。——译者注

语权。

2. 学院应当加大科研力度：其科研水平与西方院校相比差距较大。尤其是要加强关于中国式管理风格、反映中国本地实践的研究：到目前为止，管理理论大都来自西方。很多中国高校似乎已经认识到这个问题，近年来积极招聘在欧美工作过的海归教师。不过，因为供不应求，现在越来越难招到符合条件的优秀教师了。

3. 商学院的办学水平不一。除了以上提到的享誉国内外的一流商学院以外，"大多数中国商学院的办学质量都比较差"[130]，而且师资水平也比不上西方多数商学院。

4. 中国商学院应当大力开发在线课程，满足网络教育（包括学位项目和终身学习）日益增长的市场需求。远程教学和在线教学在中国的认可度似乎比不上西方，其巨大的市场潜力还远远没有被挖掘出来。最近一份报道指出，虽然网络教育将迅速发展，2011年的增幅预计可以达到40%，但是"不出意外的话，公众仍然会像以前一样质疑网络教育机构所颁发文凭的含金量"。[131]

通过向外国院校开放市场，中国的管理教育可以大大受益。众所周知，想在中国办学的外国院校必须依托中国院校进行合作办学。西方院校特别希望在这个世界上规模最大、发展最快的市场上分得一杯羹，可是并不一定能如愿以偿。就像艾利森·达马斯特（Alison Damast）在《商业周刊》中评论的，"在中国办学的外国院校最初往往热情高涨，但是真正合作起来却发现官僚主义盛行，有时中国合作方很难沟通，而且相比中国庞大的人口基数——根据最新统计，中国有13亿人口，而且正变得越来越富有——实际吸引的客户数量大大低于预期的市场潜力，所以随着时间的推移，外国院校的合作热情逐渐被消磨掉了"。[132]

一些曾经打算或者已经与中国商学院开展合作办学的西方商学院的院长们和我谈起这些话题时大都表示，中国看起来有无限的市场空间，而且相关各方都表现出浓厚的合作兴趣，所以他们最初也是兴致盎然。可是后来他们很快大失所望，因为不仅要在合作过程中应付繁杂、官僚的行政手续，而且大多数中国官员都有强烈的教育主权意识，再加上文化差异，在适应本土市场时面临很多困难。另一方面，中国人认为很多西方院校只想寻求快速回报，而无意通过持续投入取得长远成功。

一些西方商学院认为很多困难无法逾越，已经决定撤销在中国的合作办学项目，其中包括与上海财经大学合办MBA项目的卡斯商学院、马里兰大学史密斯商学院，以及与中国人民大学商学院有过合作的纽约州立大学布法罗分校管理学院*。

当然，也不乏一些成功的例子，比如诺丁汉大学商学院在以孵化高新创业企业著称的浙江省宁波市设有分校区。很多有意进入中国市场的西方商学院倾向于选择香港作为切入点，那里不仅有一大批颇具影响力的本地商学院，国际合作机制也更为灵活。

近年来引起我关注的还有一点就是，中国商学院开始更多地关注可持续性和企业社会责任，以及根植于儒家思想等中国特有文化的价值观。有些学院甚至在其使命的表述中特别提到了这些内容。长江商学院院长项兵、复旦大学管理学院院长陆雄文等我的数位同事和好友都反复强调要把人文科学和西方思想与中国数千年来的悠久文化结合起来。

的确，本书所有论述内容的前提就是活到老学到老，这正是儒学的基本思想之一。

◉ 英语是新的拉丁语

在全球化的影响下，不同文化背景下的人们交流日益频繁，

---

* 纽约州立大学布法罗分校管理学院与中国人民大学商学院经教育部批准于1998年合作举办EMBA项目，成为首个经国家正式批准的中外合作办学项目，并在2001年教育部评估中名列第一。2002年中国自己的EMBA项目启动后，该合作项目停止招生。两校目前仍然保持良好的合作关系，并于2010年启动MBA交换和双学位项目。——译者注

这在以前是无法想象的。而且，随着互联网等现代技术的发展，沟通零距离或许不再是梦想。不久的将来，人们交到的海外朋友很可能和本国一样多，甚至圈子还会更广。到时候，即便朋友远在世界的另一端也完全没问题，因为既省钱又方便的高端技术可以生动地模拟面对面打交道的情境，这种方式或许更能拉近心与心之间的距离。

目前，很多公司都在研发和完善即时翻译工具，这将给全球虚拟网络世界带来更多的便利。埃里克·施密特（Eric Schmidt，谷歌前任首席执行官）表示，谷歌将研发同声传译和事实判断（即判断一个说法的真实性；如果表述的语言非母语，真实性就比较难以断定）软件。[133]不过，即便这个计划真能实现，国际交往中仍然需要使用一种官方语言——有时也称为"通用语言"，即在世界范围内使用相对较多的、能有效促进沟通的语言工具。比如，拉丁语就曾经是官方语言，在罗马帝国时期开始广为流传，而且有趣的是，中世纪时期在学术界通用的也都是拉丁语。官方语言不同于本土语言——有时称为"母语"，后者是某个国家或地区主要或者唯一使用的语言。

目前，英语是使用范围最广的官方语言，也是全球通用的工作语言。英语母语国家——如果把印度也计算在内——的人数是世界上最多的，另外两大世界语言分别是中文和西班牙语。互联网应该最能检验哪种官方语言将来最流行。在互联网上，英语的使用频率也是最高的，而且以后的应用还将更为广泛，成为我们这个时代的"世界语"。

《纽约时报》曾经刊登文章，题为"英语是全球教育的通用语言"。[134]事实也的确如此。我想，这里所指的是"实用英语"，即数亿人有效使用的官方语言，而不仅仅是纯正的牛津英语；亦即通俗表达方式和方言与标准英语的混合体，比如"西班牙式英语"或者"中式英语"。这种混合语言引起了不少争议，有人认为这危及英语的正统性，也有人认为这恰恰反映了英语的地位至高无上。您觉得呢?

今天的学生、未来的管理者除了母语以外,应该至少能用两种官方语言有效地与人沟通。官方语言是开启异国文化的金钥匙,可以促进不同文明的协调发展,或者创造新的文明。

MBA项目的授课语言就是很好的例证:虽然英语日益成为管理教育的"通用语言",但感兴趣的学员还可以考虑申请用其他语言——比如威尔士语或者巴斯克语——授课的MBA项目,多年前可是没有这种机会的。教学语言的多样化或许能成为商学院的差异化策略之一。

前面的章节主要分析了在全球化的影响下促进多样化的各种因素。然而,在保持多样性的同时也需要寻求平衡,提高不同地域之间的信息透明度和可比性。在这个方面,国际排名和认证体系是两个非常重要的媒介。接下来就让我们一探究竟。

◉ 重要推手:认证机构和排名机构

认证可以为迅速扩张的市场提供严格的质量控制。目前,管理教育领域有好几个认证体系,其中最知名、最成熟的是美国发起的AACSB(国际精英商学院协会)认证。大多数国家都设有针对本国教育市场的认证机构。近些年,泛欧洲的EQUIS认证体系建立起来,不仅在欧洲有极大的影响力,而且已经发展成为全球公认的业界权威。

我曾经有幸代表西班牙商学院协会(AEEDE)参与了EQUIS的建立过程。EQUIS源自欧洲管理发展基金会(EFMD)成立的欧洲质量协会(EQUAL),旗下成员是欧洲的商学院和国家级认证机构。EQUIS认证的目标是建立一套欧洲体系,在促进教学项目多样化的同时,用国际公认的质量标准评估各国商学院的办学质量。

●●●●●● 第7章 知识的熔炉

　　成立欧洲质量协会的筹备工作陆续用了近两年时间，欧洲管理发展基金会的贝尔纳黛特·康拉斯（Bernadette Conraths）和埃里克·科努埃尔（Eric Cornuel）是主要发起人，由戈登·申顿（Gordon Shenton）牵头，乔纳森·斯莱克（Jonathan Slack）、克里斯·格林斯泰德（Chris Greenstead）和吉恩·克罗泽（Gene Crozier）等专家的参与也起到了决定性的作用。

　　回想起那些会议，一切都还历历在目，因为我们围绕未来管理教育的关键问题进行了深入交流，也都深知自己所参与的是一家重要欧洲机构的创立和发展过程。经过讨论，我们确定首要任务是寻求共识，建立一套认证体系，于是决定从零开始设计。其成果就是EQUIS认证，与欧洲质量协会彼此独立。

　　事实证明这个决策是正确的：经过11年的发展，EQUIS已经成为最具威望的国际认证体系之一，获得认证的学院遍及全球。

　　认证机构和《金融时报》、《商业周刊》、《经济学人》等报刊推出的国际排名在推进管理教育的全球化方面发挥着至关重要的作用，不仅能提高信息的完整性和透明度，还能让人们更好地比较全球商学院的各类教学项目。

　　毫无疑问，认证机构有助于衡量和认定商学院的办学质量，但是也有观点认为，因为评估过程参照的是一些固定的标准，而这些标准本身就比较宽泛，需要加以诠释，所以认证可能会阻碍创新和各种有益的尝试，或者排贬打破常规的办学模式。康涅狄格大学社会学教授盖伊·塔克曼（Gaye Tuchman）曾指出："一个社会如果考核之风盛行，那就是在强行赋予责任，构建问责体制——看似是不偏不倚地对个人和组织进行科学的管理，实则是在施加监督、控制和市场监管手段。"[135]

　　认证体系，特别是AACSB或者EQUIS等由同行评估决定认证结果的体系，在考核院校资质时依据的可能是传统的做法、经实践检验的标准，或者保守的办学理念。我曾经作为评审专家到一些商学院进行现场评估，遇到的两次情况都反映了这个问题。有一次，由数位院长组成的评审委员会批评一些商学院"投机取巧"，认为它们开设的硕士项目种类过多，试图抓住所有的市场需求。

这种评价让我非常诧异，尤其是想到我们平时反复教导学生的正是要有创业精神，积极探索新的机遇——换句话说，就是要创造机会、抓住机会。我想这并非偶然：多年来，我已经在好几份评估报告中看到过类似的评论。

还有一次，在另一家商学院，评审专家问其院领导多久修改一次使命表述。院长回答说"每年一次"，因为市场变化太快，这样可以推陈出新，灵活地调整战略目标。

显然，这不是正确的"标准"答案。评审专家们认为学院的使命表述不能频繁修改，否则会导致"制度不稳定"。但是根据商业经验，创新型公司有时每天都会调整使命和战略目标。西班牙服装制造企业 Inditex（拥有时尚服饰连锁品牌 Zara）是世界上最具创新力的零售商之一。我曾经和他们的人力资源总监聊过，她说 Inditex 不屑于制定什么使命，而是着重塑造价值观，以便更灵活地适应变幻莫测的市场。

● 能否建立全球统一标准

商学院的院长们经常问认证机构的代表他们会不会联手推出一套统一的认证体系。商学院之所以有这种期待，是因为认证工作相当耗时，需要投入大量的资源。比如，参加国家认证和国际认证的商学院通常都需要成立专门的工作小组。因此，一些院长希望能少参与一些认证，简化工作要求。

不过，我不赞同这种想法，主要原因有三点：第一，认证——尤其是 EQUIS, AACSB 和 AMBA 等国际认证体系——能极大地提高学院的声誉；管理教育领域日益全球化，认证资质可以大大提高教学项目的透明度和可比性。

第二，每次认证过程都是学院梳理战略和改进工作的好机会。第三，有不同的认证机构才能鼓励竞争和保持多样性，我想这总是有益的。

2010年，亚太商学院联合会（AAPBS）宣布推出一套新的认证体系，旨在结合亚洲管理教育的特色，评估亚洲的教学项目和商学院。其最终目标是提升亚洲的管理教育质量，提高市场的透明度。这个新举措的很多细节问题还有待确认，不过我认为亚太商学院联合会可以学习其他国际认证机构的经验。但是，根据最近有关亚太商学院联合会的新闻报道，此项计划已经被无限期推迟。

各类排名

各项商学院排名只要秉承公正、透明和一致性的原则，就能创造真实的市场价值。近年来涌现了一些新的排名机制，这恰恰体现了市场的旺盛需求。相关各方——潜在的学生、用人单位和企业客户——都把排名当成一项重要的参考标准，以此来收集更多信息，在不同的教学项目之间进行比较。这种为市场创造价值的机制能带来回报，那些为此付出努力的机构也能从中盈利，这些都是无可厚非的，我无意反对。排名机构与各家参与排名的学院保持联系，和学院代表多次深入探讨和交流，从而提高了排名的透明度，我很欣赏他们这种积极的工作态度。

排名并不是教育行业独有的现象。律师事务所、咨询企业，甚至连会计师事务所也都需要遵从排名的规则。

各类排名的影响力一定会持续存在，而且今后很可能会出现更多的排名机制。随着欧洲高等教育的一体化以及留学生人数的不断增长,面对纷繁多样的学科门类,报考者需要从各个角度进行综合比较,因而会参考各种排名情况决定最终的报考目标。最近,各大排名机构基于市场预期竞相推出世界大学排名,充分体现了这种市场需求。

很多人常常批评各类排名把有着本质区别的院校放在一起进行比较。有位院长曾经多次提到,"排名就像是把苹果和橙子拿来作比较"。比如,假设有两家教学机构,一家是由企业人士打造的中国高管培训中心,另一家主要是由学者管理的美国研究型大学旗下的商学院,两者有可比性吗?这两个机构可能都有MBA项目,但是在地理位置、使命、师资情况和科研成果等方面都有本质差别,所以是无法比较的。这种批评的基本论据就是不可比性:不同的价值理念或者不同风格的事物不能用同一个标准来衡量;苹果和橙子没有可比性。

这种关于不可比性的论断从理论上来说似乎有合理之处,在法学、美学等学科领域引起了长期的争论,但是在实践中却没有什么指导意义。人们每天都要权衡不同的事情,做出各种决定。晚上是出去看电影还是邀请朋友来家里聚餐?邀朋友共进晚餐的话,做寿司还是海鲜饭?一些美学理论的拥护者就曾指出不可比性的论断在实践中并不可行,比如,奥斯卡·塔斯奎兹(Oscar Tusquets)认为,"一切事物都可以拿来比较"。[136] 马里内蒂(Marinetti)于1909年发表的《未来主义宣言》中有段名言也体现了这种可比性:"如机关枪一样风驰电掣的汽车,比展开双翅的萨莫色雷斯的胜利女神像更美。"[137]

实际上,在报考MBA的人看来,各个项目和学院之间的确是可以横向比较的。排名的好处之一是能提供实用的信息,帮报名者缩小分析范围。比如,通过了解排名情况,报考者可以筛选出哪些院校在欧洲、美洲或者亚洲最具声望,哪些商学院在某个管理学科领域最有优势,哪些MBA项目更受优秀雇主的青睐。

不过,进行比较时用到的参数是关键所在,各项排名收集数据时参照的标准是不同的。随便举几个例子，比如，"全职教师"、"国际学生"、"毕业生起薪"、"目标达成率"等指标可能有不同的含义，具体衡量方式也不尽相同。对于这些指标和其他有待诠释的概念，谁能合理地做出统一的解释？我认为 EQUIS，AMBA 和 AACSB 等认证机构可以发挥重要的作用。比如，EQUIS 长期鼓励多样化，其管理层已经探讨了一段时间，计划制作一份术语汇编，明确界定商学院认证过程中涉及的基本概念。是否很快就能出台全球通用的标准规范？让我们拭目以待吧。

第Ⅲ篇

下一个学习曲线

- 第 8 章　商学院的办学目标

- 第 9 章　未来的学生

- 第 10 章　师资培养和知识产出

第 8 章
商学院的办学目标

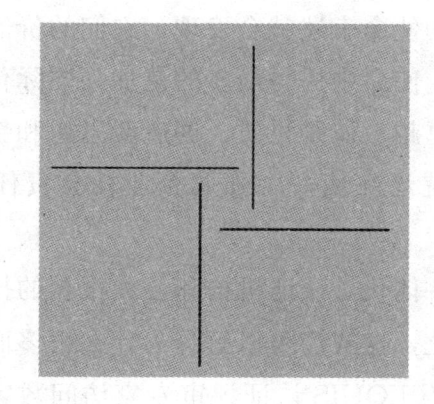

大多数机构和企业都会用书面的形式来陈述其使命，意在概述组织的基本活动，确立根本目标，强调差异化特色。使命的内容既体现了组织的过去与现在——即企业的DNA——也表达了其应对未来挑战的决心。

确立组织的使命有助于协调相关各方的工作、理念和决策。制定使命时不能流于形式或者概念，陈述的使命内容自然也不应该浮于表面。使命对一家公司或者组织来说有深远的影响，赋予其存在的理由和发展的意义。

大多数商学院都定期重新评估其使命表述，而且会把使命刊登在学院网站和院长等学院领导授权发布的官方资料上。分析一下欧美主流商学院的使命表述就会发现，它们的价值观和理念有着惊人的相似之处。使命中提得最多的是加强国际化、培养商业领袖、追求创新和卓越、鼓励科研、创造新思想和新知识。近年来，越来越多的学院还在使命中强调企业社会责任和企业公民意识。

教育行业日趋一体化，认证机构和各大报刊的排行榜也推动了教学项目的同质化，这或许可以解释为什么很多商学院的使命如此雷同。我曾作为EQUIS认证评审专家访问数家商学院，这些学院的使命表述都大同小异，所以我的重点工作之一就是深入分析学院的差异化特色。按照某个单一的模式来评估一家学院其实没有什么价值。成立EQUIS认证体系的初衷就是鼓励学院的差异化和战略使命的多样化。

因此，一方面，商学院的使命表述的相似程度非常高；另一方面，这些学院又有各自的办学模式和教学项目，凸显了多样性。暂且不论异同，商学院的使命表述一般都体现了两个办学目标：一是科研，即管理知识的创造和/或传播；二是管理者的教育、训练和培养。

简而言之，和其他教育机构一样，商学院的两项基本工作是科研和教学。除了这个共同点以外，真正体现学院差异化的是教学方法、教学项目、学生类型、研究方法、为社会创造和传播的知识、在知识价值链中的定位等诸多因素。

有时，单凭学院的名称就能了解该学院的使命。大多数学院都称为"商学院"，而耶鲁和斯坦福等则命名为"管理学院"，以体现学院不仅着眼于商界，还致力于为政府和公共管理机构等其他类型的组织培养领导者和专业人员。

我认为商学院的各项工作及其体现的战略使命可以围绕三个重要原则来评估：

1. 商学院在"学界"和"商界"之间搭建桥梁，即古希腊语中的"Academia"和"Agora"，分别指创造知识之处和商贸活动场所。

2. 商学院是培养领导者、管理者、董事和企业家的教育中心。

3. 商学院可以进一步推动当地社会和国际社会的变革。

◉ 加强学界和商界的联系

在序言中我曾提到商学院应当在学界和商界之间建立联系。《柏拉图对话集》中描述的那些与苏格拉底进行哲学对话的人就是当时的政治家和商人。学界和商界关系密切，因为它们不仅在地理位置上很接近，而且活跃其中的有很多跨界人士。

戈尔·维达尔（Gore Vidal）的第二部回忆录《点对点导航》[138]和第一部一样犀利睿智。读完那本书后，我不禁再次想到应当加强商界和学界之间的联系。维达尔天性桀骜不驯，他的很多随笔和文章都反复抨击一些学者根深蒂固的偏见。正如回忆录开篇的一段文字中提到的："和很多人想的不一样，即便作品写得再好、获奖再多，或者作为代表作列在高校英语系的课程大纲中，也都不代表作者在文学领域的声望。在外界人士看来，文坛声誉不过是学界虚无缥缈的名头,没有什么实质意义。对于任何一位作家来说,个人声誉就是外界对其最新作品的感兴趣程度。如果只有一小部分其他行业的读者或者文学爱好者了解他的作品,那就意味着这个作者不仅没有名望,而且还脱离了他所在的时代。"[139]

商界和学界确实需要加强联系,商学院可以在这方面发挥主导作用。

一些商学院的领导层——我希望是大多数——认为学院的重要使命之一是加强商界和学界的联系;还有些学院——我想应该是少数——则坚持认为其学院是学术机构,办学活动应该与商界区隔开。

这两类观点截然相悖。第二种观点是我在一次教师面试工作中接触到的。当时,我问应聘者他研究的内容和目的是什么,他在回答时提到想教高管培训项目,以检验他的研究成果是否适用于真实的商业实践。我尽量克制自己不做出过激反应——朋友们都说我太留情面——不过我真是万分惊讶。这就像是一直分析大象家族生活习性的研究员最终想亲眼看看象群以检验其理论的准确性,您能想象吗?

无论是在管理学科还是其他学科领域,学术界对于理论与实践的关系一直争论不休。有时,理论与实践之间甚至产生了巨大的鸿沟,成为典型的"象牙塔综合征",而一些学者却乐在其中。这或许可以追溯到中世纪。那时,修道院的院长们要求修士"在祈祷的同时不忘劳作"(ora et labora),因为他们老在教堂里待着,却把打理果园或者藏书阁的任务抛诸脑后。

大哲学家康德的著作《理论与实践》是广大学者的必备读物,其主旨之一是倡导理性思辨和实际决策紧密结合,其结论是不能应用于实践的理论就不是好理论。[140]

沃顿商学院的保罗·休梅克(Paul J. H. Shoemaker)前不久评论说:"商学教育的发展历程体现了商业和社会之间微妙的平

衡。"[141]的确，近几十年来，商学院的钟摆越来越偏向通过加强师资队伍和科学研究，追求卓越的学术水平。1959年，卡内基基金和福特基金的研究报告认为，商学教育过于强调技能和应用，呼吁商学院开展更严谨、更科学的学术研究。受此影响，卡内基梅隆大学、哈佛大学、麻省理工学院和芝加哥大学等高校的商学院都开始努力提升学术水平和科研能力。从那以后，以商学教育的某些专门领域为主要议题的学术交流会、专业期刊、综合会议和专题研讨会显著增多。这样一来便形成了一个自我循环的学术市场。正如休梅克所言，"通过提拔具有较强科研能力的教师，商学院逐渐提高了学术水平"。[142]尽管如此，他还是语带批评地指出："但是，随着时间的推移，这些学者的商业研究课题常常让人摸不着头脑，对商科学生和管理人员来说没有什么借鉴意义。"[143]

我还记得2005年由多伦多大学罗特曼管理学院院长罗杰·马丁（Roger Martin）牵头在多伦多举办的一次会议。来自世界各地20多家商学院的院长和学术领头人应邀出席会议，共同探讨管理教育和MBA项目的未来发展方向。其中一位来自美国顶尖商学院的颇有威望的学者说他现在写的论文十有八九不会发表在他自己创立的几个学术期刊上。

很多知名学者都撰文批评商学院的科研成果相关性不强。比如，沃伦·本尼斯（Warren Bennis）和詹姆斯·奥图尔（James O'Toole）联合发表的"商学院如何迷失了方向"一文经常被引用。文章提到了很多学院兴起的所谓"方法论崇拜热"（methodolatry），即商学院教师担心被认为光顾着传授现成的理论，所以为了迎合同事的喜好，倾向于单单研究与方法论相关的内容，对那些可以切实指导实践的课题却避而不谈："学者们只好研究狭窄的课题并且争取发表论文，他们取悦的是其他学术人员而不是实业界人士"[144]，从这个层面来说，"商业人士开始认为学界人士的科研成果和商业实践是不相干的"。[145]

同样，杰弗里·普费弗和克里斯蒂娜·方（Christina T. Fong)[146]也批评说近年来学术研究的总体方向不对，对商业实践的影响有限。他们通过分析三类数据来评估商学院的学术研究对现实世界的影响。首先，他们分析了近20年来《商业周刊》评选的十佳商业图书的作者，发现1984年的十佳商业图书中有四本出自商学院学者，而1991年和2001年的上榜图书中只有一本是商学院学者写的。

此外，他们还借鉴了达雷尔·里格比（Darrell Rigby）[147]整理的一系列管理工具，即用于指导管理实践以及协助管理决策的概念和分析框架。里格比根据道琼斯集团发布的一份书目以及与数位学者和公司董事的访谈筛选出25种最流行的管理工具，发现其中只有8种出自商学院，其余17种都是由咨询师或者企业开发的。最后，杰弗里·普费弗和克里斯蒂娜·方借用巴利、迈耶和加什（Barley, Meyer, and Gash）[148]的一篇论文来说明学术研究和商业实践之间的鸿沟。这篇文章对比分析了学术人员和企业管理人员在讨论组织行为时的措辞和语气，总结说学术人员开始越来越多地使用管理人员的语言，反之则不然。综合这三类研究数据，杰弗里·普费弗和克里斯蒂娜·方得出结论，商业研究与企业管理人员在日常工作中面临的实际问题越来越脱节。

除了商学院以外，其他教育机构也同样因为学术研究无法满足行业内人士的真实需求而屡遭诟病。据我所知，目前在法学[149]和建筑学[150]领域也存在着这样的争议，这两个领域都需要结合行业实践才能确保研究成果的相关性。我猜想，相关性不强可能是所有研究领域，特别是应用型学科的共同问题。200多年前，康德曾指出不存在所谓的纯理论研究或者应用型研究，研究只有好坏之分。他的观点直到今天仍然适用。本书第10章将探讨商学院的教师队伍和科研工作的本质，其中会提到一些关于加强研究相关性的具体建议。

● 商学院是学习中心

数年前,一位在教育界工作了多年的资深院长告诉我,商学院的成功只需要两个条件,即出色的学生和优秀的教师,校园、设施和设备等其他因素都是次要的。从我这些年的个人经验来看,他的解读是正确的:教学过程中最重要的元素就是学生的质量和教师的水平。

大家会发现,商学院说自己拥有或者吸引最优秀的学生和教师时往往各有各的标准。这自然可以理解,因为学院的使命各不相同。

学生和教师暂且不论,商学院的价值定位还包括其他几个要素。我认为,从这个角度来说,商学院可以算作教学中心,遵循特定的理念和定位来提供教学项目和教学服务。为了加深理解,我们不妨了解一下教学过程的基本要素:项目内容和课程体系、教学方法和项目形式、学习体验,以及人脉关系(见图8—1)。

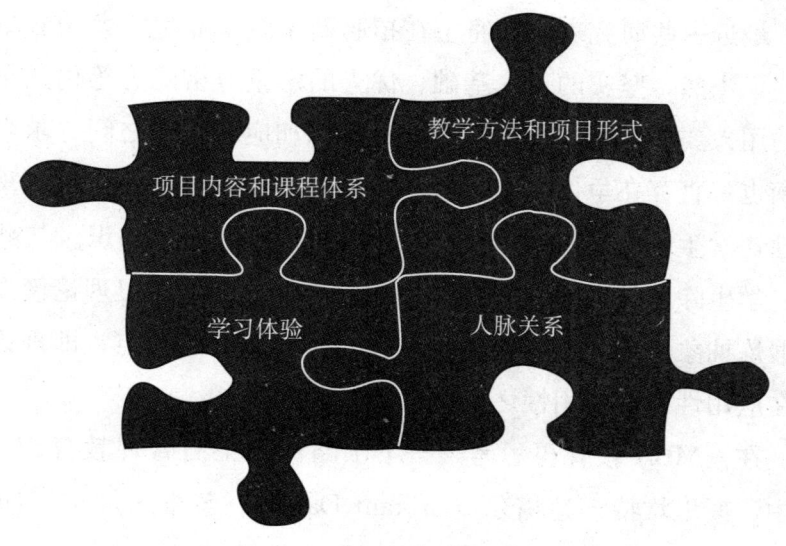

图8—1 商学院——学习中心

● 项目内容和课程体系

　　一般认为商学院最具特色的是其项目内容，而实际上大多数学院的教学项目在内容上的差别并没有想象中那么大。这在一定程度上是因为在市场力量的推动下各类项目越来越标准化，而且如前文所述，学院为了满足认证要求对项目进行了相应的调整。MBA 项目一般由一系列模块构成。比如，AMBA（英国 MBA 协会）认证虽然没有指定完整的 MBA 课程清单，但是的确要求参评的 MBA 项目设有会计、商业政策与战略、组织理论、信息系统管理、领导力、市场营销、财务、运营管理等课程。[151]

　　不过，如果这些课程搭配得当或者设计独到，商学院就能在竞争中脱颖而出。在设计课程时如何结合"硬技能"和"软技能"一直是引起热议的话题。"硬技能"指的是定量决策方法，"软技能"则指带领团队或者有效沟通所需的个人能力等非量化的综合素质。

　　最近一些研究表明，雇主在招聘商学院毕业生时尤为看重软技能，当然，坚实的理论基础、优秀的定量分析能力等仍然是主要的用人要求。同样，如何在理论知识和应用知识之间寻求最佳平衡也一直存在争议。毫无疑问，商学院的教学项目必须注重应用性，学生们毕业后才能在实际工作中运用所学知识。与此同时，学生除了从案例中掌握推理能力以外，通过学习理论模型还能锻炼抽象思考能力和概念思维。我赞同康德的观点，即理论不存在应用性和非应用性之说，只有好坏之分。

　　在《MBA 教育再思考——十字路口的工商管理教育》[152]一书中，斯里坎特·达塔尔（Srikant Datar）、戴维·加文（David Garvin）和帕特里克·卡伦（Patrick Cullen）对比分析了 11 家顶尖商学院的 MBA 培养方案，其中包括十家美国商学院和一家欧洲商学院（欧洲工商管理学院）。他们总结说："在内容方面——尤其是核心课程和主要科目——我们发现各项目都非常相似……有时，它们甚至使用相同的教材，布置相同的文章和案例。"[153]不过，他们也补充道："在体系架构方面——尤其是课程的结构、顺序和要求——我们发现差异很大。"[154]

那么，如果市场上的很多MBA项目在内容上没有什么实质差别，商学院怎样才能体现差异化呢？它们主要通过侧重不同的核心课程、设计不同的课程时长、开设非传统课程、围绕必修课讲授的基本概念开设一系列选修课等方式来实现。相关各方对学院优势的评价就体现了这些差异化特色。比如，西北大学凯洛格管理学院在市场营销领域享有很高的美誉度，纽约大学斯腾商学院则以金融见长。

近年来，很多学院都大刀阔斧地进行MBA项目改革，旨在整合各类传统课程，让学生对企业的认识不再片面、孤立。其中，加拿大的罗特曼管理学院以及美国的耶鲁大学管理学院和斯坦福大学商学院这三家学院提供了有趣的经验，它们的MBA项目学制均为两年。和一年制MBA项目相比，两年制MBA项目似乎更需要提高整合性，因为其课程安排没有那么紧凑，课程内容更多、更全，教师资源也更难协调。

以罗特曼管理学院为例，院长罗杰·马丁和德桑特尔斯整合思维研究中心的主任米尼亚·莫尔德维努（Mihnea Moldeveanu）的参与起到了决定性的作用。他们合写了《MBA的未来：培养未来的思考者》[155]一书，把未来所需要的优秀决策者称为"整合高手"，对于那些只擅长特定专业领域的人在理论上都解决不了的问题，这些高手可以采取有效的措施一一化解。为了打破MBA项目传统科目之间的隔阂，罗特曼管理学院在第一学年设计了整合思维模块，给学生讲解和分析人们日常生活中的心智模式。

学院还注重培养学生的设计思维，即切实地、创造性地解决问题或者克服困难,更好地设计未来发展方案的一套方法。这种思维集同理心、创造性和理性于一体,是满足用户需求和谋求商业成功必不可缺的能力。罗杰和莫尔德维努认为,设计思维不同于分析思维,是通过各种创意和想法的"积累和完善"来实现的一种创造性过程。他们还指出,商学院亟待解决的一个主要问题是糅合不同领域的知识:"虽然商学院可以说是多学科的(同时涉及很多学科),有时还有学科交叉现象(基于多学科性质),但还称不上是跨学科(没有打破学科界限、充分利用各个学科的特色优势进行整合性教学和科研)或者超越学科边界的。"[156]

出于类似的考虑,斯坦福大学商学院于 2007 年推出了全新的 MBA 培养方案。在此之前,学院专门组建了一个由 11 人组成的委员会,由现任院长格特·萨洛纳(Gerth Saloner)牵头,花费了很长时间组织多场讨论会切磋意见。用萨洛纳的话来说,委员会从一开始就决心满满:"如果要从零开始重新设计一套 MBA 培养方案,那该设计成什么样呢?"[157] 最终,根据新的培养方案,其 MBA 项目第一学年分为两个部分:第一部分称为"管理视角"系列,除了会计、组织行为学等课程以外,还开设了批判性分析思维和团队管理等模块;第二部分称为"管理基础"系列,开设一系列传统的 MBA 必修课,每门课程分为三种级别,学生可以根据自己的经验或者知识水平选择适合自己的级别。第二学年则以选修课为主,讲授各种方法论,有的非常接近博士课程,要求学生陈述论文、参与学术研讨等。

同一时期,2006 年,耶鲁大学管理学院时任院长波多尔尼履职不久即带领学院对其 MBA 项目进行大幅改革。耶鲁大学管理学院的 MBA 培养方案调整也是以提高整合性为目标。学院从不同利益相关者的角度将一系列传统的 MBA 课程重新整合,将其归纳为"组织视角",包括:竞争对手(传统的企业战略)、客户(营销与销售)、投资者(金融)、员工(人力资源管理)等。最后,学院还专门开设了"综合领导力视角"模块,要求学生针对企业的不同发展阶段进行案例分析，并且从国际化的角度来研究，以培养他们的全球视野。这些重大的课程改革举措究竟只是传统课程的重新组合还是真正有助于提升管理教育的整合性，这一切都留待时间证明。无论如何，学生和学院的其他利益相关者都对这次改革抱有相当大的期望。[158]

据我了解，商学院一般会定期对项目内容作出调整。不成文的规则是一年一调，每次调整的比例至少达到20%，以便及时反映商业世界的变化。我认为，除了像耶鲁大学管理学院和斯坦福大学商学院那样更新MBA核心课程内容、设计培养领导力的特色模块、横向整合多门课程等方式以外，最重要的MBA改革措施是引入人文课程，这对管理领域将有重要的意义。

为此，我们IE商学院专门为MBA项目和管理硕士项目设计了一些人文学科专题课程，希望达到两个目标：其一，在人文社会科学的广阔背景下开展管理教育，强调各个学科的范式、概念和理论之间的内在联系，让学生更好地理解商业的社会角色。其二，培养综合素质优秀的管理者，即有文化修养、了解本国和其他文化的特色和历史的高级管理人员，让他们更好地领导多元文化团队。我们认为，通过学习历史，借鉴过去的经验教训，管理人员可以做出更明智的商业决策。

同样，学习艺术史可以培养人们的观察能力和感悟力，有助于人们养成经过深思熟虑再做决策的习惯，从而减少大多数行动导向的管理人员的冲动决策。这让我想起了哈佛大学校长德鲁·福斯特（Drew Faust）的话："历史学让我们明白什么是偶然；世界是发展变化的，今后可能也一定会呈现新的面貌。人类学让我们懂得无论是过去还是现在，各个地域、各个时期的社会都有所不同。文学可以让我们学到很多，其中就包括同理心——设身处地考虑别人的想法、生活和经历——换一个角度看世界，这也是学习艺术给我们的启示。促进经济发展和科技进步只是大学的办学目标之一，而不是全部。"[159]

◉ 纷繁多样的教学方法和项目形式

多年来，商学院尝试了很多种教学方法，比如传统的讲课方式、案例研究、角色扮演、行动学习、游戏辅助教学、模拟训练、咨询项目等，力图让学生们体验真实的管理情境。在授课形式方面，顶尖商学院倾向于小班授课，而开展网络教学的主要还是一些远程教育机构。21世纪初，杜克大学福库商学院等率先尝试在项目中引入网络教学模块，替代一些面授课程；与传统的面授教学一样，学员可以在差不多相同的时间内完成学业。这样一来，学员可以更灵活地安排学习计划，对于那些需要经常出差或者常住国外的高管人员来说更是方便许多。

模块教学已经不是什么新鲜事。多年来，在网络教育机构，特别是我之前提到的那些"大型教育零售商"的推动下，模块教学的发展已颇为成熟。学生按照学院或者辅导老师的要求，结合自身情况选择一些模块，在一段时间内完成学习即可。学生可能需要按照指定的顺序逐个学习不同的模块，或者必须在某个时间之前结课才能拿到MBA学位。例如，英国开放大学远程教育MBA学位项目的学员完成学业平均需要4年时间，曼彻斯特商学院工程商务管理项目的学生则一般需要4.2年。

高管培训领域的公开课程也经常采用模块教学。学完一系列模块之后，学生可以拿到相应的学分并获得结业证书。比如，牛津大学赛德商学院要求学员每年学习四个模块，学成之后给学生颁发"全球商务、组织领导力和财务战略"结业证书。

克莱顿·克里斯滕森、迈克尔·霍恩和柯蒂斯·约翰逊（Clayton Christensen, Michael Horn, and Curtis Johnson）曾经指出[160]，所有的服务和产品都有自己的内部架构或者设计，往往由不同的模块或者组件构成。这些组件之间是相互关联的，这是用户定制化的标志性特征。理想情况下，这些模块能满足每个学生的兴趣和需求。但是在设计教学项目时要确保各个模块之间衔接紧密，所以必须合理安排模块的顺序和时长才能达到更好的教学效果。

IE 商学院的国际 EMBA 项目之所以成功，原因之一就是没有零零散散地推出一些模块供学生自行选择，而是让学生按照特定的要求进行模块学习。更重要的是，学院强调培养学员的团队协作精神，让他们认识到自己不是孤立的个体，而是团队的成员。我们认为这样可以增强学员之间的联系，提高学习效果。另外，学院还注意提高学员的纪律意识和秩序感，以此培养他们具备 MBA 毕业生应有的能力：处理多项任务、擅长综合分析、有效地管理时间、承受工作压力等。

此外，互联网的发展给商学院创新教学方式提供了良机。传统的课堂教学每堂课约 60～90 分钟，课后学生可以通过整理笔记、阅读相关文献、请教师辅导、重温课堂录像等方式继续学习。例如，雅典的科卡里斯基金会（Kokkalis Foundation）以往经常给课堂录像，然后让有需要的学生们观看。不过在传统的课堂教学中，授课内容讲完以后，学生也就下课了。

IE 等商学院开发了很多新的在线教学技术，比如持续数日开放的互动校园，以弥补所谓"一次性"课堂教学的不足。在这个虚拟的在线校园里，教授和学生们一起组织各种研讨会和视频会议，全天 24 小时对外开放。在数字化教学工具的帮助下，学生们可以参加视频会议、发送即时消息、阅读在线资料、使用 BB 平台和网络电话（VoIP），等等。无论在哪里工作和生活，学生都可以选择最适合自己的时间参与互动。根据我的个人体会——因为经常出差，我不得不以网上授课为主——在线互动时学生的参与度更高，他们互相分享经验，使案例教学方法得到更有效的应用。[161]

当然，参与在线教学的教师需要付出更多的精力——以 IE 商学院为例，据估计，相比传统的课堂教学，网络授课教师要多花四倍的时间——但是对于师生双方来说，总体体验更丰富、更充实。学生能学到更多，因为在线参与时间比一般的听课时间要长很多，每学完一节课都会觉得颇有收获。而且，在线课堂的规模更小：显然，在线互动授课时学员总人数不能超过35人，否则达不到教学效果。教师的教学体验更加真实，而学生的学习态度也比坐在教室里听课时更认真。我相信，虽然传统的教学方式仍然在MBA教育中发挥重要的作用，但越来越受欢迎的在线互动教学将成为课堂教学的有益补充，有助于更好地培养学生的各项技能。正因为如此，IE商学院尝试着把课堂教学和在线教学结合起来：我们认为这是高层管理教育的未来发展趋势。

教学材料也可以成为商学院的差异化特色。MBA项目——特别是以高管人员为对象的MBA项目或者企业内训项目——采用的传统案例教学受到最多的批评之一，就是案例的结构和内容不尽如人意。在案例中，很多信息都以固定的方式罗列出，学生很快就能找到问题的症结并给出解决方案。批评人士认为这些经过精心加工的案例很难体现真实的商业运作方式，因为在实践中信息往往是零散不全的。为此，一些商学院开始考虑重新设计教学材料，把完整的案例拆解开来，尽可能真实地给学生们呈现企业日常运营中可能遇到的情境。

比如，耶鲁管理学院开发了"未经加工的"案例[162]，这些案例"没有确切的结论，以互联网为主要信息来源，从多个维度来描述企业情况；供学生分析的相关资料往往长达数千页，包括10 Ks、20-Fs、分析师报告、新闻报道、股价图、重要人士的访谈内容，等等"。[163]近年来，我们IE商学院也开发了类似的多媒体案例资料。这些资料有意模糊细节，只是从总体上反映公司长期以来的发展方式，顺便给学生提供一些首席执行官和董事们的讲话视频、市场情况和外部资源的相关信息等。这样，案例讨论的开放性更大，没有固定的结论。我们发现，有些高管人员习惯了研究条理清晰、容易推断结论的传统型案例，所以很不适应这种创新的案例研究方式。从学院的角度来说，这种案例研究意味着教师要更密切地关注商业实践，更深入地了解案例企业和相关行业；而且更重要的是，案例分析可能有各种结论，教师们必须能够驾驭开放式的案例讨论。不过话说回来，真实情境下的案例研究不正应该是这样吗？

一年制和两年制的 MBA 项目有什么区别呢？西班牙有句谚语，出自巴尔塔沙·格拉西安（Baltasar Gracián），即"至简至美"。汇报和演说等很多场合都适用这种至简主义；当然也有少数一些例外情况，在这里我就不赘言了。简洁明了是优秀的品质，出色的作家、演说家、作曲家等都崇尚简洁。

学制只是 MBA 项目的一个方面，但却尤为重要。近年来，全日制 MBA 项目趋于缩短学制，《金融时报》MBA 项目排名中上榜的欧洲商学院只有少数仍然采用两年制。

一年制 MBA 项目的发展势头强劲是有多重原因的：其一，人们不再把 MBA 当作最后的接受教育的机会。事实上也理应如此：教育不是一次性或者一生一次的，而是应该贯穿整个职业生涯。人们需要不断学习新的商业知识和提升管理技巧。这也正是本书的宗旨。

其二，学生脱离市场、潜心学习一段时间的机会成本越来越高。其三，很多分析人士认为一年制 MBA 和两年制 MBA 一样能满足学员的基本需求。比如，《MBA 择校指南》前任编辑乔治·比克斯塔夫（George Bickerstaffe）曾经和我聊到，一年制项目的学员和两年制学员学的内容好像没什么区别，学习时间却能缩短一半。诚然，一年制项目可能课程强度更大、学习任务更重，但是这和当今社会对高效管理者的需求如出一辙。实际上，在应聘同一家企业时，一年制 MBA 毕业生和两年制毕业生的成功机会是相当的。

你或许会认为我的评价有失公允，因为我们 IE 商学院的

MBA 项目就是一年制；但是在我看来，现如今，两年制项目大多数人都消受不起。更进一步说，许多分析人士都推测，欧洲全面实施《博洛尼亚协定》以后，已经完成本科（三年）和硕士（一至两年）两个学习阶段的学生不太可能再接着报读两年制 MBA 项目。

EMBA 项目则另当别论，特别是那些采用模块教学或者混合教学方式——即面授与网授相结合——的项目。高管培训项目的基本原则是灵活性，只有在时间和地点安排上更好地迎合客户需求才能赢得更大市场。例如，IE 商学院最近推出的全球 MBA 项目以在线教学为主，大多数学员选择的时长是 18 个月。

● "学习体验" 的差异化

通过 MBA 项目或者管理硕士项目，学生不仅可以提升素养和资质，还可以获得难忘的学习体验，这是项目的重要吸引力之一。体验校园生活、结识朋友、参加课外活动、汲取学院的价值观和理念……学习过程可以带来的益处远不止如此，未来的雇主也会参考这些方面遴选毕业生。

学院的地理位置以及师生之间的互动方式是学院的重要特色之一。有不少人曾经撰文探讨大学与所在城市的关系以及彼此之间的影响。例如，大波士顿地区有 100 多所高校，是教育业的大熔炉，学生们可以跨学校选课，波士顿由此而得名"美洲的雅典"，大学生活在提升城市知名度和推动经济发展方面发挥了至关重要的作用。

有一些院校则选址在小城市，希望给学生营造强烈的归属感和独享的吸引力。位于郊野的学院不在少数，达特茅斯学院就很有代表性。它位于新罕布什尔州的汉诺威小镇，景色宜人；在这里，学生们可以专心致志地学习，体验大学生活，参加体育活动以及由校方组织的一系列丰富的课余活动。在美丽的校园中，塔克商学院的几座大楼设计精良，通过长廊相连，方便人们在寒冬时节在各楼之间穿行，也可以拉近学生与教师和其他工作人员的距离，从而促进交流、增强归属感。

还有一些商学院另辟蹊径，选择在市中心办学，成为"嵌入式校园"。其初衷或许是考虑到市中心往往商业机构和政府机关云集，可以让学生尽可能多地体验社会生活和丰富多彩的课余活动。在大都市市中心办学的典型代表包括位于伦敦的伦敦商学院和城市大学的卡斯商学院、位于纽约的哥伦比亚大学商学院和纽约大学斯腾商学院等。享有这样的地理位置，商学院可以更方便地开展高管培训、引进兼职教授和实践型教师，以及与大型企业合办会议。不过，市中心的地价偏高，可用的土地或者楼盘资源较少，因此限制了这些商学院的校园扩建。

IE商学院位于马德里市中心，毗邻金融商业区。我们曾经考虑了好几年，打算在郊区建设一个校区运营部分或者全部教学项目，在那里设计全新的教学楼，配备齐全的运动器材和公共设施。最终我们还是认为，地处大城市的中心，学生们可以享受丰富的文化和娱乐生活，这是极大的吸引力。学院或许无法开设学生餐厅，但是学院附近却不乏价廉物美的餐馆——其他许多城市都很难有这种条件。整座城市都是我们的校园，我们和许多服务提供商、基金组织和文化机构都有合作协议，确保学生可以更好地融入城市生活，与当地居民交流互动。

近年来，一些商学院专门聘请所谓的"明星建筑师"来打造校区，希望以此创造独特的竞争优势。从某种程度上来说，商学院在传统校园里扮演的角色类似于过去的教会或者教堂，这或许体现了学院在许多大学中享有的地位。弗兰克·格里（Frank Gehry）设计的悉尼科技大学商学院和韦瑟黑德管理学院、诺曼·福斯特（Norman Foster）设计的耶鲁管理学院、贝聿铭设计的中欧国际工商学院（上海校区）、莱格瑞塔（Legorreta）设计的蒙特雷理工大学商学院（墨西哥北部的不同校区）都极具代表性。一些成立不久的商学院则选择具有独特建筑风格的历史性建筑作为院址，比如位于德国首都柏林的欧洲管理和技术学院（ESMT）就设在前德意志民主共和国的政府府邸中，附近有很多大型博物馆，而所在大楼的大厅仍然保留了体现马克思主义的壁画，描绘了工人阶级占领首都的图景。

毫无疑问，商学院的设计风格和地理位置是营造 MBA 学习体验的重要元素。尽管如此，我们还是应当牢记，商学院的首要任务是引进最优秀的教师，招收最有潜力的学生，开发新的教学方法。说到底，只有这些因素才能赋予学院真正的竞争力。

◉ 人脉关系

申请商学院的学生提得最多的报考原因之一是希望拓展自己的人际圈子，包括校友、雇主、企业关系和其他机构等。大多数商学院都设有专门的部门或者团队负责与毕业生保持联络，追踪他们的职业发展进程。通过密切联系自己培养出来的成功人士，学院可以大大提升知名度和声望。除此之外，这种校友关系还能带来两大益处。其一，毕业生是学院的最佳招牌，也是吸引生源的最大亮点。其二，校友往往通过捐赠方式回馈母校，成为重要的创收来源。美国的商学院在开发校友资源方面尤为成功，这或许得益于美国长期以来的筹资传统，而其他国家的筹资文化尚不成熟。欧洲商学院则更多地把关注点放在教学上，疏于与毕业生保持联系。

除了职业发展和校友关系部门的长期努力以外，近年来，互联网也在拓展交际圈方面发挥着越来越重要的作用。我看了一下脸谱、推特、LinkedIn、MySpace 等知名社交网络，觉得商学院的校友圈很广泛，但是比较零散。这可能在一定程度上是因为一流的商学院已经有自己活跃的社交圈，经常举办各种联谊和聚会活动。

◉ 商学院是助推剂

企业是时下最具全球性的机构。企业的经营活动可以推动社会发展和经济增长，改善人们的生活条件和权益。之前我曾经提到一句自己特别喜欢的箴言，在此再重复一遍也无妨："稳定的商业发展是抵御不良国际政治形势的良药。"商业领袖一般都有共识，在带领企业发展时不掺杂自己的个人信仰、政治立场、民族背景、文化、道德观念或者生活理念。在商界是不存在文化冲突的。优秀的跨国商业活动有助于弥合国与国之间的差异，消除误解，推动区域一体化和全球一体化。

目前，致力于国际化的商学院面临一个主要的挑战，即如何把学生培养成为"世界经理人"，也就是担负世界公民责任，在跨文化情境下有效地管理公司，给利益相关者和整个社会创造财富的人。世界主义是与民族主义相对立的思想，其信奉者认为就像人们各有各的肤色和身高一样，属于哪个国家并不重要，而同时作为社会的一员，又不乏集体归属感或者自豪感。典型的世界经理人应该具备出色的跨文化沟通技巧，理解文化的多样性，而相比之下，传统的分析能力或技术性知识就变得次要了。

商学院应当怎样培养这样的世界经理人呢？接下来我将给出三点建议，当然这些建议主要是针对寻求真正全球化的学院。不过，我仍然尊重那些着眼于国内市场、致力于培养本地管理人才的商学院——虽然每个教育机构在某些阶段会面临同样的挑战。

首先，国际化的商学院应当增强学员的多样性，促进跨文化交流。我将在第9章进一步展开讨论，不过我真心认为班级成员在文化背景、世界观和生活理念方面越是多样化，就越能反映国际化的管理人才在实际生活中可能遇到的各种不同情况。但是，学生的国籍、性别、年龄、宗教信仰、工作经历、教育背景等只是衡量多样性的一部分重要指标。在把全班细分为多个讨论组或者项目组时也应当注意多样化。此外，更为重要的是，指导老师和项目管理人员应当在教学过程中充分考虑多样性，促进学员的个人发展和职业发展。

几年前，一名来自德国的MBA学生对我说，总体说来他更喜欢和来自北美的同学共事，而不情愿和拉美的同学配组。他说得很委婉，坦率说来意思就是：他认为拉美学生一般比较懒散，在团队协作时贡献较少，随时可以把学习抛到一边自己找乐子，而且大都认识肤浅。他说，虽然拉美学生也有不少优秀品质，比如热情奔放、热爱生活等，但是他还是更乐意和欧美学生做搭档。他的观点和很多跨文化管理研究给出的结论不谋而合。我给他的答复或许出乎意料：拉美学生有独特的文化特质，比起和自己更相似的同学来，他其实可以从拉美学生那里学到更多。论及对学习过程的积极影响，同一性自然远比不上多样性。我想我没能说服这个学生，不过还是和他打了个赌。他申请去美国的一家商学院交换学习一段时间，在那里，学生的多样化程度低很多。我让他回来以后说说在IE和在美国，哪里的学习环境更丰富多彩。我们打了个赌——您可以猜到我赌的内容是什么——最终还是我赢了。

通过提升学生的多样性，鼓励来自不同文化背景的学生友好交流，可以为培养世界经理人创造最佳的环境。此外，这种氛围还可以让学员摒弃偏见，今后在跨文化管理中少碰钉子。和德国的那位学生朋友想的不一样，拉美学生并非天性肤浅；他们不见得更喜欢钻空子，而且和欧美学生一样认真严谨。不过，只有和他们多接触、多交流，才能了解到这一切。

其次，可以在MBA等学位项目中设计专门的课程探讨全球热点问题，让学生更充分地了解应该如何应对这些挑战，也让他们更清楚地知道自己身为管理者，所掌握的资源和开展的经营活动对周围的环境是有影响的，以此培养他们的责任感。比如，IE商学院在两个必修课时间段之间穿插了一个名为"积极求变"的模块，邀请一些专家和学生们直接对话，探讨气候变化、可持续发展、贫困、人口增长等全球问题，或者能源行业面临的各种挑战，等等。通过加深对这些问题的了解，学生们的责任意识得到了提高，有些学生还受到启发开始寻找相关的商业机会，比如可再生能源或者能源的循环利用等。

最后，考虑给学生提供更多的海外实习和交换学习机会。理想的情况下，每个MBA学生都应当在毕业后赴海外工作至少一个学期，体验异国文化。

商学院院长之职

商学院院长无异于公司首席执行官，肩负着相同的职责。或者说两者的角色越来越相近，因为商学院的各个利益相关方对院长工作的期望值越来越高。比如，近期一些学院发布的院长招聘启事中提到的任职资格更为侧重候选人的管理能力和管理经验，不再像过去那样看重学术成就。那么，商学院院长在时间安排上真的和首席执行官差不多吗？

《商业教育》杂志上曾经刊登一篇很有意思的文章（"三年预测"）[164]，总结了商学院院长对未来战略挑战和管理教育发展趋势的判断和预测。文章统计了院长们作为学院最高领导所承受的三大压力，其结果耐人寻味。提到最多的几项压力包括：（1）管理教师（74%）；（2）寻求新的资金来源（45%）；（3）打造差异化的竞争优势（24%）；（4）招生情况和项目改革（21%）。

从这些数据我们可以明显看出，院长在管理教师方面投入的时间最多。而且，院长们也花费了相当多的精力寻找新的收入来源：打交道最多的可能是项目负责人、潜在的捐赠者和公共机构（特别是那些受惠于政府津贴的学院）。受访院长在学院的内外部利益相关者身上分配的时间是不均等的，这出乎我的意料。比如，很多院长非常重视经营外部关系。首席执行官的工作重心是不是也与此相仿呢？

商学院大都需要在爬满常春藤的院墙之外挖掘发展机会。这应该对院长们开展工作的方式有重要影响。

院长的职责与所在学院的地位和使命有直接关系。一般来说，大学体制内商学院的院长需要在学校董事会的督管下开展工作，其权力往往是由学校委派的，所以在开设新项目、扩大招生规模和教师队伍时可能受到阻碍，推行新的发展战略时也可能束手束脚。而在独立的商学院，或者伦敦商学院、哈佛商学院等隶属于大学却享有特殊地位的商学院，院长可以放手制定发展战略，不过这些战略需要获得学院理事会的批准才能付诸实施。

据我所知，越来越多大学体制内的商学院开始享有相对独立性，主要是为了更迅速、更灵活地应对市场需求。与人文等其他学科相比，商学院利益相关者的需求变得更快。同样，商学院的竞争也更为激烈。有些大学为了调和不同的学系或者学院之间的利益，采用繁复的行政流程，做决策时需要耗费很长的时间才能在内部达成一致，这样的学院很可能在激烈竞争的市场中丧失优势。

如前所述，商学院院长的角色与大型企业的首席执行官非常接近，主要职责有四点：

1. 主持制定学院战略，确保战略得到有效执行。
2. 统筹和管理学院资源。
3. 合理地使用人才，特别是教学和科研人才。
4. 加强与教师、学生、毕业生和企业合作伙伴等内部各方以及与外部利益相关者的联系。就像在大型企业和其他机构一样，院长在学院与外界的沟通和协作方面发挥着至关重要的作用。实际上，院长是所在学院的形象代言人，这就意味着他们要积极参与各种公开活动，尤其是要铭记商学院肩负着推动社会全球化的重大使命。

资深院长彼得·洛朗热曾经对管理教育做了大量研究。在这里，我不禁想到他所总结的商学院院长的主要任务："把握新的发展机遇，无论是拓展新的学术领域还是开辟新的办学地点；调动学院资源创造学术价值……营造互信互励的氛围。"[165]

另一方面，院长是否成功地履行职责并不好衡量。就像首席执行官一样，院长这个职位也需要一套考核标准。学院的财务状况显然是一项重要的指标——教育机构，特别是主要依赖政府资助的院校往往忽视这一点。其他的考核指标还包括利益相关者，特别是学生的满意度——学生毕业后的职业发展情况或许是最合适的参考标准；学院对学术研究的贡献——研究成果的数量和质量需要综合考量；学院的声誉——企业、学界、雇主等外部利益相关者对学院的评价。还有一个标准可以用来评估院长的工作成果，即学院的国际排名是否有所上升。

建立一套明确的衡量标准很有必要，方便比较各位院长的工作业绩。公平地说，商学院的排名情况不一定与院长推行的各项举措有直接关系。不过无论如何，人们免不了会拿排名情况来衡量院长的工作成果。

最后，我想提醒那些将首次出任院长的同行们：像优秀的首席执行官那样，尽快制定和落实学院战略。履职后的100天至关重要，务必在这段时间确立自己的管理方式，制定学院发展的路线图。从这个意义上来说，商学院和企业没有什么区别。

◉ 教育机构的适应力

和人们通常理解的不一样，成功商学院办学质量的优劣其实并不是由院长的资质或者声望所决定的。我记得加里·哈梅尔也有过类似的说法。他曾经指出，优秀企业的运作不会过度依赖于首席执行官的实际能力，即便管理层的领导力欠佳，公司也能有效地运转。当然，这种说法不适用于规模比较小的公司，尤其是创立不久的成长型公司，创始人或者首席执行官对公司的发展有重要影响。不过，对于那些规模相对较大、管理制度健全的企业来说，即便领导层成员暂时空缺，也不会对企业的经营活动造成实质影响。意大利有句谚语"E la nave va"，意思是即便无人掌舵，大船也可以继续扬帆远行。优秀的组织——比如顶尖的商学院——适应能力很强，就算高层管理有问题也能照常运转。

这倒不是说首席执行官或者商学院院长形同虚设，只是分析人士有时夸大了他们的重要性或者对所在学院的贡献。而且，在历史悠久、崇尚传统的院校，管理层和行政人员的贡献往往只是其历史进程中锦上添花的一笔而已。我还记得在牛津大学读博士时，学校的很多管理岗位都以任期命名（例如，约翰·史密斯（John Smith）先生，第25任博德利图书馆馆长）。

华威商学院的阿曼达·古多尔（Amanda H. Goodall）分析了《金融时报》MBA排名前100的全球顶尖商学院，发现学院的排名情况和院长在学术界的影响力有密切关系。[166]这个结论多多少少在意料之中，因为大多数商学院在招聘院长时对候选人的学术资历有要求。至于这个研究结果是否可以真正用于指导院长的选拔工作，我是持保留意见的。这份研究是不是意味着院长一职从根本上来说是学术岗位，而非管理岗位？是不是只要候选人拥有很高的学术名望，即便不擅长管理，也可以聘为院长？

这份研究报告的结论确实很有意思，但却缺乏实际应用性。事实上，一流商学院最近聘任的院长体现了用人要求的变化，比如有些学院提名的院长候选人年纪不大——一般来说科研成果还不多，有的甚至不是学术圈的人。

我本人有学术背景，但是我认为任职院长以后这些学术资质对实际管理的帮助并不大。院长的角色还是以管理者为主，而不是纯粹的学者身份。

如果说管理复杂的组织是充满挑战性的工作，那么担任学术机构的头号领导人可谓是难上加难。管理教育机构是非常艰巨的任务，这是由多重因素决定的。首先，其目的是教育，而教育是公共事业，政府管控很严，有时甚至监管过度。其次，教育行业的利益相关者比其他行业更多，而且很多时候有代表在管理层任职。因此，教育机构的管理人员必须具备优秀的外交能力和谈判技巧，可以妥善协调相关各方的利益。最后，学者是核心利益相关者，和其他人比起来更难管理，原因之一可能是经过多年的训练，他们形成了追根问底、喜好争辩的思维习惯。除此之外，和企业相比，学校的收入来源更广泛、更难把握，有时为了筹到资金需要使出浑身解数。

那么，既然院长这么难当，为什么仍然有人——即使薪酬比不上企业——享受这份工作呢？答案就在于，商业和管理能给世界带来巨大的积极影响。

第 9 章

未来的学生

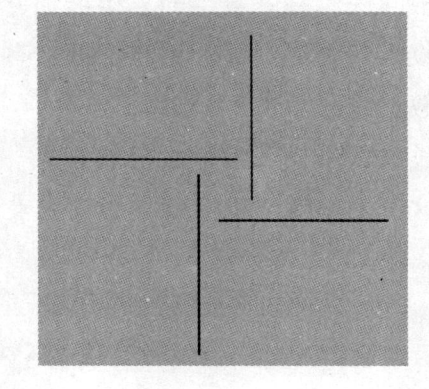

长期以来，在商学院和高校广受争议的一个话题就是要不要把学生当成客户。北卡罗来纳州伊丽莎白市州立大学商业与经济学院院长戴维·贝约（David Bejou）认为，从技术上来说，答案显然是肯定的："虽然有些管理层很难接受学生即客户这种理念，但是实际上，在当今这个竞争激烈的市场，学生和客户没有什么两样。学院是卖方，出售课程、学位和丰富的校园生活。学生是买方，他们报名选课、申请毕业、以校友身份给学院捐资。双方对这些交易的满意度越持久，关系就越稳固，所有的人都能从中受益。"[167]

这么说来，好像没有什么要深究的了。但值得一提的是，这种观点把学生与院校的关系简化为客户与供应商的关系，忽视了很重要的一点，即学生作为学习者的角色。学生应当充分信任所在院校，通过努力学习实现个人转型，在转型过程中不断改变自己的喜好、期望和思想观念。这种说法或许容易让人误解，质疑的声音也不少，但是在很大程度上，学生的确是教学过程的原材料，通过学习把自己塑造成理想中的成品。学生们只有自发地投入学习才能克服眼前的困难，豁然明白——至少能反思——一些做法的重要性，泰然面对个人成长过程中的起起伏伏，最终实现自我塑造，获得无比的成就感。

只有不断尝试、应对挑战、激励个人成长、转变学生的一些根深蒂固的价值观，整个教学过程才算是彻底的。苏格拉底对新生们说，"你们其实一无所知"，他这么做是对的。

对此，耶鲁管理学院院长泰德·斯奈德曾经简要指出："最优秀的学生不会把自己看作客户，我们也不应该把他们当成客户。"[168]

根据我的个人经验，斯奈德说得没错：最有前景、最优秀的学生往往低调谦逊，尊重教师的意见，能开放地接纳新的观点，因而在学习过程中收获最大。

这并不意味着那些紧盯市场需求的商学院将走下坡路。乔治·华盛顿大学荣誉教授史蒂文·乔尔·特拉亨伯格（Stephen Joel Trachtenberg）曾经评价说："既可以说学生是客户，也可以说学生不是客户。他们投入时间和金钱，有特定的学习目标。如果不能帮助他们实现目标，学院就无法生存下去。学生们渴望接受优质的教育，希望师从学识渊博的知名教授。不过仅仅满足这些需求是不够的。"[169]

商学院的首要任务是精心培养学生，让他们毕业后无论是自己创业还是在知名企业担任高管，都能在各自领域成为最出色的企业领导人。而根据市场的反馈，优秀的商学院确实做到了这一点。《金融时报》的商学院排名显示，综合而言，MBA学生的投资是值得的，在职业发展和薪资收入方面能获得双重回报。

另外，还有一个不容忽视的现象，那就是高层管理教育的费用高昂。泰德·斯奈德在欧洲管理发展基金会2011年院长大会上指出，近五年来，一些美国商学院调高了本已价格不菲的MBA学费，涨幅达6%。欧洲商学院——至少是那些顶尖商学院——的MBA学费也有相应幅度的上涨。不过，对比分析很多学院的收支情况可以发现它们并没有通过MBA项目获得盈利，这可能令人难以置信。为了有足够的资金来提高办学标准、开展科研工作、招聘新教师或者扩建校园，这些学院必须通过开设高管培训项目、多方筹资或者主办各类会议和论坛等方式创收。

与此同时，商学院——特别是一流商学院——需要为那些具备一定能力、顺利通过选拔，却难以支付学费的学生提供资助。

对于那些来自低收入家庭、贫困国家或者弱势群体的学生，大多数商学院会提供低息助学贷款或者奖助学金。某些情况下，特别是在美国，投资读MBA还可以减税。[170]

是不是所有商学院想招的学生都一样？我曾经问一些院长或者招生主管他们想招什么样的学生，他们给的答案如出一辙："最优秀的学生。"那么这是否意味着大家说的都是同一类学生，争的都是同样的生源呢？乍一看，似乎如此。各学院的选拔标准都很相似：GMAT 或 GRE 成绩（这也是最常用的标准[171]）以及其他一些类似的考试，还有学习成绩、工作经验等。一些提倡多元化的学院还会参考其他标准，比如学生的类型、性别，甚至不同的教育背景和工作背景等。从这个角度看，报名各学院的学生相似度非常高，每个学院都想从中招到最优秀的。但这是一个零和游戏：学生终究只能选择一所学院就读。

然而，根据美国研究生入学管理委员会的统计，潜在的学生群体正在逐年增大。

我认为，各商学院的 MBA 招生对象和选拔标准应当是有共性的、互补的，但不能完全相同。有些学院，比如我所在的学院，会优先录取那些创业意识强、希望自主创业的报名者；有些学院则偏重于招收具有优秀营销潜质，或者有潜力担任大型企业人力资源管理工作的人才。如果报名者因为职业发展方向不同而各有各的资历，就应该用不同的方式来判断他们的潜力。我想，各商学院面对的一大挑战就是要采用多种方法甄选人才，开发合适的教学方式来挖掘他们的最大潜能。

选拔"最优秀"学生最常用的一些测试——尤其是 GMAT 和 GRE——重点强调所谓的分析能力，这种能力也体现在各种智商测验中。研究表明，无论是在小学、中学还是大学阶段，分析能力都与学业上的成功有直接的关系。总体说来，大多数人认为在这些测试中拿高分的人"很聪明"。

不过，越来越多的学者和教育家开始质疑这种传统的智能评估方式，哈佛大学的霍华德·加德纳（Howard Gardner）就是其中之一。他创立了多元智能理论，认为智商测验等传统的智能测试方式忽略了认知能力和人际交往能力，而这两种能力对于个人的学习和发展都相当重要，自然也关系着事业上的成功。加德纳认为至少有九种智能：空间智能、语言智能、逻辑数学智能、肢体动觉智能、音乐智能、人际交往智能、内省智能、自然探索智能和存在智能。传统的教育体制和智商测试侧重语言和逻辑数学智能，在很大程度上忽略了其他的能力。[172]

这或许可以很好地解释为什么很多艺术家或者创新的思想家都没有良好的教育背景，为什么社会上的成功人士都不怎么看重传统的学习方式。史蒂夫·乔布斯或比尔·盖茨等一些当代成功的企业家连大学都没读完，应该也可以用这个理论来解释吧？

在加德纳理论推出之前也有不少关于人类智能的研究，有些学者以此为基础提出了情商理论。情商是指洞察和理解事物、将智商化为实际行为方式、推动个人发展的能力。丹尼尔·戈尔曼（Daniel Goleman）的情商理论有着举足轻重的影响，其《情商》[173]一书是最受欢迎的当代管理著作之一。戈尔曼指出，情商不是与生俱来的，而是后天习得的；情商具体表现为可以通过反复练习而掌握的一系列技能，包括自我意识、社会意识、人际关系管理等，这些都有助于提高人们的管理能力。

我们都知道，有些学生虽然分析能力极强，但是缺乏领导者应当具备的情商。显然，如果继续这样下去，他们永远不可能在任何一家公司或者组织中升任要职。而很多首席执行官或者政府领导人虽然智商平平，情商却很高。

目前还有一些研究专门分析智商与教育之间的关系，其研究成果给商学院带来了两个重要的启示。首先，以前很多人坚持认为智力是天生的，可以通过智商测验测出。但是，根据理查德·尼斯比特（Richard E. Nisbett）的理论，"现在，很明显，智商是可以随着环境改变的……教育环境发生了巨大的变化，总体来说人们的智商高了很多，和以往相比，在很多方面都表现得更加聪慧"。[174]其次，教师的指导以及师生之间的互动对智商的培养有关键作用。[175]我们都希望在一生之中能有幸遇到至少一位能把我们最大潜能挖掘出来的好老师。

最后，作为一名教师兼院长，我也结合个人经历谈谈自己的看法。其实，很多能力是可以在成年以后培养和加强的。在我们IE商学院，很多学生虽然背景各异，但是都提高了人际交往能力、领导能力以及理解和分析复杂问题的能力。一般来说，高管人员要想具备这些能力，必须抱着谦虚和开放的心态，乐于学习新事物。

我们应当采用新的方式来发现不同寻常的才能。如果能甄选出具备新型能力的人才，商学院就能进一步扩大生源，找到适合自己的学生。同时，我们也要创新教学理念和教学方法，培养管理专业学生的创业精神、创新能力、人际交往能力和领导力。毫无疑问，这将成为商学院的教学发展方向；为此，我们应当与教育学家和心理学家密切合作。这也将对未来的 MBA 项目和整个管理教育领域产生巨大的影响。在这里，我再次建议在 MBA 培养方案中纳入人文课程，并且创新教学方法、充分挖掘个人特质，这都将给项目带来新的起色。

MBA——21 世纪的"大旅行"

MBA 是一类教学项目的统称，各个 MBA 项目并不完全相同。在第 8 章中，我分析了 MBA 的四大要素：项目内容和课程体系、教学方法和项目形式、学习体验和人脉关系。这四个要素是密切相关的，根据各学院 MBA 项目的独特文化、使命和目标而有所不同。比如，就内容而言，有的 MBA 项目可能把创业列为核心课程，有的可能不这么做，有的可能偏重"硬"技能而非"软"技能，也有的可能凭借金融课程或者市场营销课程在国际上享有盛誉。那么，报考 MBA 的人期望获得什么样的学习体验呢？

通过攻读 MBA 项目，学生可以学习或者补充重要管理学科的基础知识，体验和接触不同的环境和新事物，这种机会一生只有一次。在此期间，学生可以重塑自我，为未来发展做足准备。从这个角度来理解 MBA 的学习体验，我不禁想起十八、十九世纪英国贵族的游学方式："大旅行"（Grand Tour）。大致说来，"大旅行"是指在欧洲——尤以法国和意大利为主——游历，年轻贵族通过访学和游览直观地学习不同的文化、艺术和风俗传统。这从本质上来说就是一种学习体验，引导人们自我反思、磨炼性格，为将来的生活做好准备。

对于学员来说，MBA 称得上是一次现代版的"大旅行"。尤为重要的是，现如今，这种"大旅行"不再是贵族的特权，来自世界各地的已经或者将要从事管理和创业工作的人都可以报名参加。每当有打算学 MBA 的人问我建议，我首先会告诉他们最好去国外读 MBA，争取接触新的文化，学习新的语言，创新思维方式，践行世界公民的责任。当然，人们也可以从书本上了解到各种文化，仅仅通过学习就成为某个领域的专家。医生或许比病人更了解某种疾病，虽然其本人不一定得过这种病。但是，"了解知识"不等于"亲身体验"——相信您一定也这么认为——而在国外读 MBA 能让学生两者兼得。从词源上说，英文中的"专家"（expert）来自"体验"（experience）一词。事实上，两个世纪前那些参加了"大旅行"的人后来很多都成为知名的画家、作家、哲学家和商人。

● 能力重要还是经验重要

MBA 一直被视为有工作经验要求的项目，也就是说，具有相关的工作经验是入学要求之一。因为"相关经验"难以清楚地界定，所以最简单的办法就是对工作年限提出要求。比如欧洲质量协会（EQUAL）的《MBA 项目指南》中明确提出 MBA 一般要求两年以上的工作经验。英国 MBA 协会（AMBA）的规定更为复杂，要求所有 MBA 班级的学员平均工作经验达到两年，同时也允许相当一部分学员工作经验不足两年甚至没有工作经验

（最多不超过录取人数的 15%）。

之所以要求 MBA 报名者具备一定的工作经验，是考虑到 MBA 项目的教学方式互动性很强——比如案例研究、角色扮演等——所以其他同学也是非常重要的学习资源。一般认为，在互动教学中，教授的角色更像是乐队指挥或者会议的主持人，而不像传统课堂那样仅局限于讲课。

不过，这种对工作经验的要求最近有松动的迹象。很多商学院——包括一些在《金融时报》上排名靠前的学院——考虑录取一些工作经验不足却具备出色潜能的人；有的则希望通过放宽工作年限的要求，平衡性别比例或者招收一定数量的国际学生，进一步丰富学员结构；还有的学院考虑到参加全日制 MBA 项目的高层管理人员比较少，为了保证一定的 GMAT 录取成绩，破格招收一些缺乏工作经验的人，不过这个目的颇具争议。再者，年龄本身就是体现多样性的一个重要指标：模拟现实的工作环境，让工作时长不一，甚至不同年代的人一起学习，岂不是能更好地提升学习体验？

事实上，MBA 课堂越多样化，学习体验就越丰富。诚然，如果在文化、商业知识、工作经验、世界观和年龄方面都相近，学员们可能会在这种同质化的环境中感觉更自在，能按部就班地达到学习目标。但是，为了平衡性别比例或者吸引才华横溢的年轻人，可以招收少数工作经验不足两年的学生（比如 5%～10%），从而丰富学员结构，改善学习体验。

MBA 是有活力的教学项目，应当适时调整入学要求。

◉ 学员多样化在教学过程中的重要性

MBA 项目的学习在很大程度上取决于同学之间在课堂内外的互动，所以学员结构成为至关重要的因素。如果您打算读

MBA，那么希望和什么样的同学为伴呢？

您的想法应该不外乎两种。第一种希望是"自己人"，即和文化背景相似、志趣相投，甚至品位一致的人一起上课，业余时间也可以在一起——说同一种语言，连专业背景都一样。这种共性是有好处的，比如可以提高教学效率：因为全班同学的水平相当，比如金融知识储备都差不多，这样就可以避免重复，加快教学进度。

很多教育机构长期奉行这种"自己人"的理念。在管理教育等领域，很多机构都曾出台一系列机制大力推行精英主义，确保高门槛和排他性。例如，彼得·伯杰（Peter L. Berger）在《多种全球化：当今世界的文化多样性》一书中指出："在商业和其他行业中，有一群雄心勃勃的年轻人……他们有点雅皮士的范儿，都能说一口流利的英语，在工作和业余生活中的衣着举止也很相似，连思维方式都很像——都盼望着有一天能成为精英，登上人生的制高点。"[176]

第二种则希望"多样化"，其理念是课堂的多样化程度越高，学习体验就越丰富。关于教育学和社会学的当代研究都支持这一观点，而且鉴于教学过程中的互补性原则，自然也可以得出上述结论。

MBA学员结构的多样化主要体现在四个方面：性别、国籍、教育背景以及年龄。商学院可以结合这四个要素调整学员结构，以期实现多样化。比如我们学院希望MBA学生的性别比例平衡一点。有意思的是，我院于2011年3月开始与布朗大学合办EMBA项目，第一期学员中40％是女性，和同类项目相比，这么高的女性比例是很少见的。

我本人也认为学生的教育背景应该尽可能多样化，不能全班学生都是经济或商科出身。比如，想象一下，一个戏剧专业毕业的学生在读完MBA后很有可能胜任销售经理一职。此外，与只和同龄人打交道相比，年龄和工作经验的多样化会大有裨益，而且这样更加贴近现实生活。很多资料显示，与美国商学院相比，欧洲商学院的学员多样化程度更高。

然而，多样化也给很多人带来了困惑，我想在这里谈谈MBA学员多样化的复杂性。强烈推荐大家读一本书——《收效不佳的大学：坦率看待学生到底学了什么，为什么他们应该学到更多》[177]该书作者是哈佛大学的名誉校长和"建校三百周年教授"德里克·博克（Derek Bok），他撰写了很多关于教育问题的专著和文章。

博克专门用了一整章来讨论课堂多样化，认为美国高校的多样化程度提高以后，"课堂讨论变得更精彩、更热烈，大学氛围也比20世纪前六七十年更活跃、更鼓舞人心"。[178]不过，他还指出，随着学生结构的多样化，高校遇到的困难越来越多，开始"积极鼓励学生多理解其他本科同学的差异"；"学校管理人员对人类情感问题必须保持高度敏感，特别是要注意处理方式，要努力创造一个友好、互相尊重的环境"。[179]

博克的书主要探讨的是本科项目以及与种族和性别多样化相关的问题，但是其很多观点和结论基本上也适用于研究生教育，特别是MBA教育。当然，MBA学生一般都有工作经验，更加成熟，而且有的学生曾经在多元文化环境中工作过。

的确，已经或者有意丰富学员结构的商学院都面临着一个很有意思的挑战。提升MBA项目的多样化程度并不是最终目的，而是激发学习热情、丰富学习体验的一种手段。一个多样化的MBA课堂就是现实世界的缩影，亦可称为小型联合国。课堂上最好不要有哪种文化明显占上风，而应该塑造一种"工作文化"，即以互相包容和互相尊重为前提，自发地形成一些惯例和规矩，求同存异，鼓励团队合作。MBA学生在入学时要学习道德行为规范，虽然内容比较宽泛，但是能够以此确立这种工作文化或者学员之间的"社会契约"。比如，有些规范明确规定了处理学生问题的工作流程，是学生事务部门和相关领导（负责解释规范、决定处理意见）的指导原则。

● 充分利用课堂的多样化：文化熔炉和万花筒

身为 EQUIS 等多家认证机构的委员会委员，我曾多次参加关于商学院国际化问题的讨论，探讨实现国际化需要满足哪些要求。衡量国际化水平的最常用的指标是留学生和外籍教师的数量，与海外院校的合作和联盟，以及英语授课情况。这些标准有时会引来不少争议，一些学院由于所在城市或国家远离全球商业和教育中心或者政治局势动荡而难以招到留学生，更是抱怨连连。一直以来，很多人都认为新兴国家不是学习商科的好地方，主要是因为 MBA 学生在毕业后很难找到理想的工作。不过，现在的情况有所改观，这在很大程度上得益于一大批跨国企业的崛起，比如印度的塔塔集团和巴西的安贝夫集团（AmBev）。[180] 此外，越来越多的企业开展跨国经营，而希望拓展职业发展空间、从事与社会企业相关的工作或者跨文化工作的学生也逐渐增多，这些因素都起到了积极作用。

认证机构还会经常探讨国家或者地区的多样性在多大程度上影响一家商学院的真实国际化水平。有些人认为西欧是一个统一的文化区，所以会把欧洲和美国拿来比较：欧洲有很多国家，而美国则以文化和种族的多元化著称，而且一直以来尊重少数族裔。从这个角度来看，美国商学院的很多学生来自不同的种族，就相当于很多学生来自不同的欧洲国家。这样一来，美国商学院的留学生比例偏低就不是什么问题。比如，哈佛商学院 2011 级学生中 64% 是美国籍，而欧洲工商管理学院、伦敦商学院和 IE 商学院的国际 MBA 项目约 90% 都是外籍学生。

可以说，把少数族裔的数量和外籍学生的数量相提并论是缺乏远见的。单凭学生国籍的数量就能衡量商学院的多样化程度吗？或者说，是不是应该用其他指标来衡量MBA项目的多样性？有些国家民族众多，就更应该另当别论了。比如，中国和巴西是否本身就算一个巨大的市场，可以把少数民族算作外籍学生？

看看中国等国家就能明白为什么国际化这个概念不能用简单的方法来衡量。课堂上没有任何一种强势的文化或者国别，而是多种文化兼容并蓄，学习体验丰富多彩，这样才是真正的国际化。为了让学生也了解这一点，商学院可以在两种文化模式中选择其一，争取吸引更多的留学生。

一方面，有些学院试着将自己打造成"文化熔炉"，力图把学生们各自不同的文化背景和观念糅合在一起，形成一致的文化。这类学院更倾向于传授最常见的管理模型和领导技巧，只有进行比较分析时才把别的模型拿来作为参考。在这种熔炉式的环境中，自然也最好有一种国别占主导地位，给来自其他国家的学生提供导向。要判断一个学院是否采用这种"熔炉"策略，可以分析其项目的教学内容，看看其MBA项目研究的案例是否大都源自同一个国家或者地区，是否很少涉及其他的文化和研究方法。

还有些学院采用的是另一种模式，我将其喻为"文化万花筒"。在这种模式下，没有哪个国家是主流。学生们学习各种各样的管理模型和领导力模型，分析源自不同国家的案例。"文化万花筒"模式旨在推行多元文化，竭力营造氛围让学生更好地理解全球化。有些人会把这种教学模式和文化相对论混为一谈，认为由于没有主流文化，学生容易不知所措，无法做出正确的决策。不过，在我看来，这是一种误解。我曾多次在这种多元文化的环境中和学生们讨论案例，有时还会谈到一些涉及伦理困境的文化敏感问题。根据我的经验，尽管学生们各持己见，学到的管理方式和领导方式也多种多样，最终总能找到一种大多数人都接受的解决方案。

学生们通过思想的交锋达成共识，可以为今后的学习打下坚实的基础，也充分体现了对不同世界观和生活理念的尊重。这并不局限于商学院，在其他教育领域也很普遍。比如，理查德·尼斯比特在《思维的版图》[181]一书中谈到：

> 人类的认知不尽相同……首先，不同文化背景的人对世界本质的基本认识或者说其"形而上学"的世界观是不同的；其次，不同人群的思维方式也不一样，各具特色；最后，思维方式和世界观是一致的：人们总是会依据自己对世界的理解来使用相应的认知工具。[182]

他还指出，"人们在观念和信仰，甚至价值观和喜好方面之所以有差异，可能不仅仅是因为接受的信息和教育不同，而是理解世界的方式不同而造成的必然结果"。[183]他的结论也许会让教育工作者感到棘手，"如果真是这样，我们为促进国际了解而做的努力可能很难收到预期成效"。[184]

不过，在众多致力于国际化的商学院，多元化MBA课堂的效果还是很不错的。根据我的经验，来自不同文化背景的学生们会非常热烈地讨论企业责任或伦理道德等与文化相关的敏感问题，他们在分析问题时思考方法很相似，甚至会得出相近的结论。就像不同文化背景的音乐家可以按照相同的标准演奏莫扎特的音乐作品一样，有着不同世界观的学生也可以遵循相同的准则和适合的思路做出管理决策。当然，这样做并不是非要强调一致性，课堂上讨论的问题也没有最佳答案。我们的经验表明，学生之间的文化碰撞可以使课堂讨论变得更加生动丰富，完全不妨碍大家互相理解、达成共识。

考虑到多元文化背景下MBA课堂的多样性和趋同性之间存在的冲突，商学院的管理人员和教育工作者应该采用哪种方式？弗朗西斯·福山（Francis Fukuyama）十年前在其论文中谈到，全世界的经济体制和政治体制以及价值观正在逐渐趋同；而塞缪尔·亨廷顿（Samuel Huntington）[186]预言说价值观的差异将持续存在，世界正在走向"文明的冲突"[185]。究竟孰是孰非？我本人则赞成尼斯比特的著作中所引用的北山忍（Shinobu Kitayama）的观点："有证据表明，即使只在另一种文化中待一小段时间，一个人的思维方式也可能改变。"[187] 比如，我们学院的经验表明，让 MBA 学生置身于多元文化环境中可以增进彼此之间的尊重和理解。而且，商业活动本来就鼓励其从业人员相互理解，达成共识。这就要求管理人士更加务实，不能过于强调文化差异或者固有的思维方式。

商业的实用性很强，运营良好的企业可以促进经济增长和社会发展。这也就意味着来自不同文化的人可以很快、很自然地相互理解和合作。在此，请允许我再次引用我最喜欢的那句格言："稳定的商业发展是抵御不良国际政治形势的良药。"

MBA 项目管理涉及的准则规范和惯例习俗

在具有多元文化的 MBA 班级里，和谐共处的基石是相互尊重。无论个人喜好如何，每个学生都对别人表现出基本的尊重。但是，要做到这一点并不容易，因为我们在选择朋友或搭档时自然有偏好。因此，为了督促大家尊重他人，商学院应当推行一套准则和规范，对每个成员的基本权利和义务做出规定。这些规定可以用道德规范的形式固定下来，约束学生的学术行为——比如，不得作弊或抄袭，指导学生处理人际关系。通常，道德规范会明文禁止不当行为——比如，不得侮辱他人，也会给予正面的鼓励——比如，帮助同学、与他人建立良好的关系等。

大多数商学院在道德规范中体现的准则大同小异，通常不会反映某种具体的意识形态、宗教或者道德观，而是一些所谓放之四海而皆准的道德准绳。事实上，在一个具有多元文化的班级里，学生可能各有各的世界观，对个人品德修养也有不同的理解，所以这些规范涉及一些核心原则即可。总体来说，应当要求学生遵守共同的行为规范，简要列举一些通用的准则，既鼓励多样化，又提醒学生相互尊重，营造友好相处的氛围。

除了这些准则，遵守惯例——亦即社区内部约定俗成的做法——也有助于促进商学院学生之间的关系，整个社会同样需要遵守惯例和习俗。事实上，班上学生的个人信仰越是多样化，遵守惯例就越重要。萨尔瓦多·卡都斯（Salvador Cardús）[188]教授曾经撰写了一本书探讨惯例和礼仪的重要性。他指出，虽然惯例是社会成员自行选择的结果——比如右侧行驶或左侧行驶，但却是公德心和谐共处的前提。着装规范、问候方式、餐桌礼仪等都属于惯例习俗。卡都斯认为，惯例不像准则那样需要依赖于价值观或道德原则，"举止得体的人"并不一定就是"好人"。的确，有些人表面上举止高雅，所作所为却很卑劣。但是——相信您也这么认为——就像道德败坏的人会遭到斥责一样，举止不端的人也一定会被大家拒之千里，只不过方式不大相同罢了。

最近几十年，很多教育工作者认为必须给学生充分的自由，才能培养学生的创造性。很多人曲解了这一观点，认为不应该遵循惯例，因为这会影响学生的个性发展。和卡都斯一样，我认为遵循惯例恰恰是培养学生个性的必要条件，因为只有这样，学生才能融入集体，进入多彩斑斓的世界，而这是独行侠所体会不到的。

世界经理人往往会主动养成一些习惯，方便与不同文化的人打交道，建立良好的商务关系。一条金科玉律就是用对方喜欢的方式来对待他们，只是在多元文化的环境中可能没这么简单。商学院的教育工作者务必高度重视这一点。确实，对于那些志在培养世界经理人的学院和教育者来说，这是一个激动人心的挑战。

惯例习俗还会影响到着装规范。英国一个名为半岛的律师事务所做了一项调查，发现4/5的公司认为降低着装要求可以提高工作效率。[189]当时英国正值酷暑，气温达到数十年来的高峰值，很多员工都想换上更凉快的衣服，不愿意西装革履出门。

这则报道让我想起了沃顿商学院前任院长帕特里克·哈克（Patrick Harker）的一次发言。他表示，为了规范礼仪和强化纪律，学院采取了一些措施，包括提出基本的着装要求，禁止在课堂上使用手机、吃东西等。[190]

再比如，和其他很多城市一样，七月份的马德里异常炎热，当然实际的体感温度没有伦敦那么高，因为这里的湿度较低，也就没那么难受。每到夏天，学生们通常不太在意着装，有些学生还会穿着短裤和拖鞋去上课。这时候就会有一些教授来找我，要求加强课堂礼仪，因为外貌着装是礼仪的重要组成部分，学生未来都将成为管理者，学院有责任教育他们注意个人形象。

我想起了赫伯特·哈特（Herbert H. L. A. Hart）的《法律的概念》[191]，这是一本关于法律、道德和哲学的巨著，书中提到礼仪与道德规范是不可分割的。但这是否意味着不遵守礼仪就有悖道德规范呢？

很多公司都有严格的成文或不成文的着装要求。通常，正式的着装可以体现对他人的尊重。但是根据上文提到的调查结果，我们是不是应该重新思考一下这个问题，为了提高效率而放宽着装要求呢？我想，要回答这个问题，还要考虑到各地的风俗和传统。如果我们的目标是培养世界经理人，那就不妨参考那句关于惯例习俗的箴言："入乡随俗。"

打击作弊行为

我曾在本书的第Ⅰ篇提到，人们指责管理专业的学生普遍存在一个顽疾——作弊。对此，商学院不应该一味地责怪学生，应当动员教师等相关各方一起参与防治作弊行为。学院可以采取一系列措施增加作弊难度、提高作弊风险，比如通过发布规定等方式防范在先，设立专门的机构针对作弊行为给出处理意见并坚决执行，等等，具体包括：

● 制定荣誉准则。* 美国学术诚信中心的一项调查表明，"一些学校制定了荣誉准则，其学生作弊的数量一般比那些没有荣誉准则的学校少 1/3 至一半"。[192]

● 让学生加入作弊治理机构。比如，我们学院的"道德委员会"的委员中学生占了一半，这样一来对作弊的处理意见就更容易让其他同学接受。很有必要告诉学生我们可以采取哪些技术手段来防止作弊。不到万不得已，不要因为作弊而开除学生，因为开除学籍对学生今后的发展影响特别大。我们的方法是事先劝阻，而不是严抓作弊和事后惩罚学生。这样就营造了一个诚实守信、勤勉好学、公平竞争的环境和氛围。

● 鼓励教师加强责任意识。美国学术诚信中心指出，教师们通常不愿意管作弊的事。"一个评估项目在过去三年中调查了近万名教师，发现其中有 44% 的人明知学生有作弊行为却从来不向学校有关部门反映。学生们也表示，如果教师对作弊不闻不问，作弊之风就会更加盛行。"

● 合理布置作业。这一点看起来很明显，但是在有些学院，学生平时的课业过于繁重。有时，学生感到绝望，不得不铤而走险。

● 采取技术手段。很多学院使用一些软件来判断学生是否有抄袭行为，这可以让学生明白学院非常重视诚信，也能提醒他们在考试、做报告及参与其他考核时不要舞弊。一些顶尖的学院还在考虑如何使用这些软件防止不同学院的学生之间相互抄袭：把学生的作业也录入数据库，经常更新数据库中的信息，不断提升软件的应用性。上传作业以后，系统会自动搜索一批最常用的学术资料库以及新闻等信息源，评估作业的原创程度。评估结果可能会出乎意料，甚至能发现一些隐蔽性极高的作弊手段，比如改

---

* 普林斯顿大学等一些高校的本科生都要签署荣誉准则（honor code），保证所有作业既没有剽窃也没有违反其他道德规范。——译者注

变措辞或者同义替换。如果给学生发布一些作业的原创性评估报告，威慑力还将进一步提高。

各学院要培养正直的管理者，首先应当切实有效地推行一些学生守则和行为规范。学生在校期间严格遵守规章制度，才能在以后的管理工作中恪守职业道德。

第 10 章

师资培养和知识产出

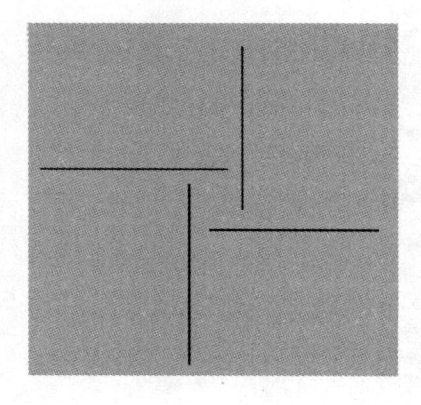

古希腊人于公元前8世纪创办了奥运会,当时最流行的运动是五项全能。顾名思义,运动员需要参加五个项目的竞技,包括跳远、投标枪、掷铁饼、短跑(180米)和摔跤。

人们无从知道当时五项全能运动的冠军是如何评定的,也许要求在三项中胜出,另外两项也表现优异。后来,该项目被列入奥运会之后,其冠军就成了大家心目中的英雄。亚里士多德在其《修辞学》一书中评论说,参加五项竞技的都是最全面的运动员,人们用颁发奖牌或者纪念杯的方式来表达对他们的敬意。事实上,五项全能甚至成为当时新兵训练的基本科目。

19世纪末奥运会恢复举办以后还推出了一些其他形式的综合性竞赛项目来考察选手的运动能力,这体现了当时奥运会的全民参与精神:参赛者不是专业运动员,通常也不需要有专长项目。有些全能运动一直延续至今,其中最知名的是铁人三项和十项全能;铁人三项包括游泳、自行车和长跑,十项全能则包括十个田径项目。

联想到工商管理领域,现在的教师和过去的运动员有很强的可比性,因为他们都需要在多个领域做出成绩。与古希腊的五项全能相比,考核教师的项目倒是只有三个:科研、教学和参与商业实践——比如,咨询、担任管理职务或董事等。

但是,长期以来,人们总是片面地用科研成果来定义教师优秀与否。高校通常会聘用、提拔或奖励那些科研工作和科研成果达标的学者,对于科研能力特别突出的,还将授予终身教职。而教学——传道授业——以及参与实践等其他方面往往被当成次要工作,有时甚至还被认为是不务正业。

无疑,科研对于教师一职来说具有核心价值。通过科研工作,教师可以展现其吸收现有知识以及遵循严谨的方法创造新的观点、概念和模型的能力。因此,在学术界的"铁人三项"中,科研应该算是最重要的一项。然而,如果把科研当成最终的目标或者唯一的学术工作,那就未免目光短浅,对教师职业的理解太狭隘了。据《纽约时报》报道[193],在哈佛大学前任校长德里克·博克的支持下，该校成立了一个由九位知名教授组成的工作组，带领全校推进本科教学工作。文章提到："工作组发布了一个报告，呼吁大力开展体制改革，提议进一步加强教学评估，在每年工资调整时把教学考核纳为重要的绩效指标，与科研成果权重相当。"

科研工作与教学和实践是互为补充、相辅相成的，对于商学院的教师来说尤为如此。管理教育对教师的要求是很特殊的，不仅要有出色的科研水平和优异的教学能力，还要擅长与企业高管人员打交道。商学院既需要"大师"——创新思考的专家，也需要"多面手"——能够游刃有余地从事科研和教学工作，为企业提供咨询或者接受记者访谈的教师。这种多面手的能力并非与生俱来，而是后天锻炼出来的。这些工作看似不同，甚至互相矛盾，实则密切相关；只有拓宽事业领域，才能找到有益的结合点，做到各项工作相互促进。

一般认为，商科教师的职业发展分为几个阶段。首先是"博士后"（获得博士学位以后）阶段。这个时期的创造力很强，可以提升和发挥攻读博士期间学到的研究技能。第二阶段是成熟期，教师积累了丰富的教学经验，赢得学生，特别是 MBA 或 EMBA 学生的尊重。第三阶段是资深期，教师不仅承担普通的教学和科研工作，还成为企业管理者的合作伙伴或者咨询师，甚至担任与教育相关的管理职务。我认为这些阶段没有明确的时间界定，发展进度取决于教师的个人或职业兴趣。

不过，很多人，特别是高校工作者，都认为如果将来打算在高校工作而且主要承担科研工作的话，越早开始准备越好，最好是在毕业后紧接着读个博士学位。他们觉得在这个时期，人的心智能力和批判思维都处于最佳状态，所以能充分运用分析技巧，在学术研究上有所收获。有的人甚至认为，只有在年纪轻轻的时候，尤其是刚读完博士之后的那段时间，才能把创造力、想象力和创新精神结合起来。

我倒不这么看，想必读者们不会惊讶。很多人选择在毕业后的最初几年攻读博士，至少需要四年才能拿到博士学位。之所以这样做，主要是担心日后家庭和工作压力随之而来，很难再拿出那么多的时间和精力去学习。但是，最近有不少商学院推出了工商管理博士项目（DBA），有的还可以在职学习。年纪较长、拥有丰富的人生阅历和工作经验的职场人士可以借此机会攻读博士学位，毕业后还可以从事科研工作。

况且，没有任何科学依据或者事实表明人们在年近30岁时创造力更强。虽然据统计，大部分科研成果都是在这个时期发表的，但这主要是大学体制造成的。更重要的是，多个世纪以来，影响力巨大的科技发明和思想理论往往都出自年长人士。我总是不厌其烦地提醒人们，康德的巨著《纯粹理性批判》出版时，他已经57岁。毋庸置疑的是，只有基于多年的分析工作和研究经验，结合深刻的个人历练和丰富的行业经验，从跨学科的角度进行比较分析，才能在学术或者科学研究领域获得丰硕成果。本书的书名用来比喻商科教师和研究人员的职业生涯是非常贴切的。

目前，"多面手"——上文提到的擅长多个领域的教师——非常缺乏。我曾经问过其他学院的同仁对未来最担心的是什么，他们大都说是缺乏满足要求的教师：既具备科研能力，又擅长教学，还深谙商业实践。现有的博士项目很难培养出全能型人才，有的甚至和这个培养目标截然相悖。将来，商学教育的一个重要任务是更好地设计教学项目，培养三项全能的教师，满足市场对这种人才的需求。我们应该一起努力，争取实现这个共同的目标，达到组织和个人的共赢。

◉ 培养全才型商科教师

我在第8章提到商学院的一个主要使命是在学界和商界搭建桥

梁：加强理论研究和商业实践的联系。学术研究可以极大丰富我们的管理知识，其研究方法可以让我们更严谨、更客观地分析现实情况，通过大量的比较研究找到解决方案。我甚至认为，一些机构的分析判断缺乏学术研究的严谨性，是导致此次金融危机的重要原因。

大量研究[194]表明，商学院的知名度和科研成果直接相关。《金融时报》等各大媒体公布的商学院排名榜也印证了这一点，在顶尖管理类期刊上发表论文的情况是一项重要的排名指标。此外，在我和商学教育领域，特别是企业大学相关人士的接触过程中，发现企业在选择商学院提供定制课程时主要看重该学院的知识创新能力。我和某企业大学校长同在一个成立不久的高层管理教育委员会担任委员，他说，企业特别青睐那些富有前沿思想和创新精神的商学院，尤其希望学院能给企业提供建议，使其在全球化的背景下更好地生存和发展。

我认为，必须采取切实可行的方法来加强学界与商界之间的联系，提高商学院科研成果的实用性。伦敦商学院的知名教授科斯塔斯·马基德斯（Costas Markides）曾经呼吁教授们做到"两不误"[195]，我也认为学术研究和全球视野都很重要，只有将二者结合起来才能保证管理知识的严谨性。

和马基德斯一样，我也认为不应该把只对学术研究感兴趣的学者与业界人士隔离开。马基德斯建议鼓励年轻学者不仅在学术期刊上发表论文，也要在专业刊物上发表。这样一来，科研成果就能转化为教学资源，同时也能加强与企业和咨询公司的合作，为科研提供新的思路和模式。

瑞士洛桑国际管理学院院长彼得·洛朗热[196]在任期间，也强调商学院应当采取"双向互动的方式，把命题性知识和指令性知识有效结合起来"*。这是一种良性循环，可以起到相互促进的

---

* 命题性知识是关于"是什么"的知识，即关于自然现象和规律的知识，具有认知性；指令性知识是关于"怎么做"的知识，即人工实现的方法与手段，包括大部分的经验性知识。——译者注

作用。高管培训项目或者 MBA 项目就是如此，因为学员都是专业人士，有丰富的行业经验，教师从学员的反馈中收获良多。

学术界经常被批为死水一潭，可是事实上，学界人士一直在积极努力，为改变知识的产出和传播体制创造条件。大家非常希望提高科研成果的应用价值，近年来美国管理学会——全球影响力最大的致力于管理领域学术研究的专业组织——发表了大量关于这个议题的文章。为了加强学界和商界之间的联系，还可以从以下几个方面入手：

- 改革管理类博士项目。培养学生的科研能力和教学技能，让学生通过参与教学来分享他们的研究成果。博士项目还应当创造机会让学生多和企业管理人员接触，切身体会真实的管理问题。实习也是不错的选择。

- 改革职称制度。在注重科研成果的同时，也要考核教学水平。此外，不妨设立一套规则来考察教师是否与商界保持密切联系，比如在公司董事会任职或者为企业提供咨询服务的情况。当然，总体上来说教师的考核仍然以科研成果为主，但是在进行综合考量时必须找到最佳的平衡点，让教师慢慢接受这种职称评定方式。这不禁让我再次想到"铁人三项"这个形象的类比。考察期最好设为一年以上，充分评估教师在科研、教学和实践这三个领域的表现和影响。

- 与企业管理人员合作。研究对商界有影响的重要课题。越来越多的商学院成立了跨学科研究中心，打破传统的学科界限，直接与对口企业合作开发科研项目。这些研究中心不仅鼓励跨学科研究，还专门设计培训项目，解决企业的实际管理问题。另外，商学院一般会邀请商界人士或校友担任其理事会或者顾问委员会成员，务必让这些委员全面了解学院的优势和劣势。他们深谙商界的真实需求，可以给学院提出宝贵的建议。法国高等商学院（即加入精英院校体系的商学院，详见第 4 章，译者注）的理事会成员——通常是商会旗下的商界人士，而商学院是由商会赞助的——密切配合学院开展科研工作，这让我颇有感触。

- 加强学术型教师和业界人士之间的联系。到目前为止，两者的合作通常局限于共同开发教学材料，其实合作领域还可以进一步拓展。系主任应该在协调过程中发挥重要作用，推动合作研究。

- 多方尝试，从实践中汲取知识。商学院应该作为知识中心，从咨询公司、企业大学等其他形式的专业组织引入新的思想、理念和模型。互联网为交流意见和分享信息提供了无限可能。

- 安排教师深入企业。通过这种方式，商学院可以获得企业赞助，从而设立专门的教席。由企业出资设立的讲席教授，可以和出资企业一起开展具体的研究项目。在咨询行业这已经是相当成熟的做法，咨询公司会安排咨询师深入企业很长时间，或参与重大项目。深入企业的教师不仅要有坚实的学术功底，还要深入了解商业实践。IE商学院就是这么做的：我们的"人力资源讲席教授"是由西班牙时装业巨头Inditex集团资助的；而埃森哲则设立了"竞争战略讲席教授"。这些讲席教授投入大量的时间和相关企业一道开展具体研究，同时将各自领域中最有价值、最前沿的学术研究成果应用于实践。

- 制定标准，衡量学术研究对实践的影响。也就是说，不能单看文献计量学指标或者论文引用率。众所周知，和其他社会科学门类一样，管理学科不能像理工科那样根据注册专利（含发明专利）的情况来衡量理论对实践的影响。我建议采用以下两种标准：（1）参考学术成果在全球管理类项目教学中的应用程度。比如，几乎所有的MBA项目现在都会教平衡计分卡、蓝海战略、非市场策略等模型或概念。（2）联合商学院教师、企业大学、学科建设部门、咨询公司甚至管理类刊物出版商设计一套测评体系，定期评估学院的科研成果及其在企业管理中的实际应用价值。这套体系最好能结合各种各样的文化习惯和企业行为，考察科研成果的适用性。

科研是学术界最宝贵的财富之一，应该鼓励和加强科研工作。遗憾的是，在危机时期，研究、开发和创新方面的开支首先会被削减；而从长远来看，这种做法只会导致竞争能力和创新能力的丧失。因此，必须让人们意识到学术研究对于商业实践的重要价值，商学院可以在这方面发挥关键的作用。

再谈博士项目的培养目标

博士项目对整个教育体系来说至关重要，是培养高校教师和研究人员的摇篮。伍德罗·威尔逊全国社团基金会是美国一家致力于扶持教育事业的非营利组织。该基金会发表的一份关于美国博士生教育的报告非常引人关注，题为"博士项目的回应：美国博士生教育创新"，呼吁大力推行改革："不能总是雷声大雨点小。"[197]报告还列举了多所美国高校成功推行的一系列博士项目改革措施。

报告中的两个提议值得我们借鉴。其一，应当重视培养博士生的教学技能。长期以来，博士项目几乎只将重心放在学生科研能力的培养上。科研能力固然重要，但并不是全部。实际上，由于博士项目忽视了教学技能的锻炼以及与企业界的联系等重要方面，博士毕业生的个人潜能和事业发展机会都受到了影响。

其二，博士项目应当与高校之外的一些重要社会组织加强联系，特别是要录用博士生或者与博士生有工作关系的机构。报告指出，"总体而言，如果能和外界积极互动，各学科领域的博士项目都将受益匪浅"。

应该说，这份报告发布的正是时候，工商管理博士项目（DBA）在欧洲正逐渐兴起。此外，鉴于市场需求大幅增长，英国MBA协会专门针对工商管理博士项目出台了一套新的认证标准。

医疗和教育等都是需要专业技能的职业。很多教育界人士都是出于个人爱好和经验，自幼就立志做这一行。我也是这样，很早就希望以后成为一名教师。

之所以和大家分享我的个人经历，是因为我认为投身教育的理想有时很早就萌生了，一般出自对于研究知识和传播知识的向往和渴求。知识的创新和传播这两个方面都非常重要，也是相辅相成的。的确，对于从事教育的人来说，教学和科研都是不可或缺的；我想，如果厚此薄彼，就算不上是合格的教师。

对教师来说，通过教课、与学生互动，不但可以检验知识的有效性，而且也是自我学习和提高的绝佳机会。就管理教育来说，尤其需要多接触管理人员，因为他们的行为和经历正是管理研究的对象。除了和主要的企业利益相关者打交道以外，难道还有别的研究企业的方式吗？

既然教学和科研都是教师的重要工作，为什么多数商学院的管理类博士项目主要或者仅仅注重科研能力呢？事实上，大西洋两岸有诸多报道都批评博士项目把培养科研能力当成主要目标。如果教育机构不采取行动解决这个问题，我希望博士生们统一战线，呼吁接受全面的教育。我不禁想起在工人阶级中广为流传的一句话，现在可以用来号召博士生："全世界的博士生，团结起来！"

教学的重要性

指导学生学习，尤其是通过课堂教学，是我们教育工作者最荣耀、最有意义的工作。

自教育诞生之日起，教学就是其核心和本质，"学界"一词的起源（古希腊语称"Academia"，指知识的形成和传授之处）更是证实了这一点。《柏拉图对话集》一书记载了苏格拉底和学生之间的谈话，每次读这本书，我们都深深折服于大师们的思想。我并不是说其他学术工作可以忽略不计，那些工作对于教师的全面发展是不可或缺的，这在前文已经提到。但是在所有的工作中，教学是最关键的。有些教师却偏离了这个方向，这实属不该，甚至令人痛心。

最近有很多关于美国高等教育的研究，其中安德鲁·哈克（Andrew Hacker）[198]的《真实的大学》一文特别有意思。作者点评了关于大学教育的最新文献，随后总结道："这些著作都在悲叹：太多的教授，甚至大多数教授，在课堂上都表现平平。"[199]文中提到了由《普林斯顿评论》出版的《2005年357所最佳高校》一书。该书通过调研得出了一个有趣的结论：在学生人数不多、没有研究生项目、国内名气不大的学院，本科生对教学质量的满意度很高；而出乎意料的是，那些规模大的知名研究型大学在本科教学满意度方面却得分最低。

哈克的文章还引用了卡内基教学促进基金会的研究结果，即每八名本科生中就有七名所在的大学"很少嘉奖勤勤恳恳钻研教学的教师，获得名望和高薪的都是那些一心忙着科研、研究生研讨课、出书或者发表文章、追名逐利的教授"。[200]接着，哈克转述了普林斯顿大学公共关系学教授斯坦利·卡茨（Stanley Katz）的评价，在很多大学，"绝大多数教师从来不会认真考虑本科教学"。[201]最后，作者给出的结论让人扼腕叹息："就目前的情况来看，终身教授的教学任务越少，大学的声望就越高。虽然知名的讲席教授不少，但承担本科教学任务的大多是研究生助理、临聘教师和兼职教师，他们永远都得不到晋升。"[202]

教学确实是至关重要的。我想，在管理教育领域，情况可能没有上文说得这么严重。在我访问过的商学院中，绝大多数都将教学业绩当作一项重要的聘用和晋升标准。高管培训项目在选用教师时最看重的也是教学能力。为了实现商学院的使命，我们需要提升教师的教学水平，让他们成为课堂上真正合格的教师。

知识的产出和传播

多年前,著名学者和作家安伯托·艾柯(Umberto Eco)[203]在意大利周刊《快报》上发表了一篇文章,题为"知识分子的首要职责:没用的时候请保持沉默"。尽管一看标题就能知道文章的内容,我还是摘录一段广为引用的文字给大家参考一下:

> 知识分子对社会是有用的,不过只有长期来看才这样。短期而言,他们只擅长演讲、搞研究、管理学校、为政党或企业做公关,或者在革命时期呐喊几声,但是做不了特定的工作。长期来看,他们能在事件发生前后发挥作用,可是在具体运作过程中却没有任何价值。在刚发明蒸汽机时,经济学家或地理学家或许能预言这将给陆路交通带来一场革命,并且分析这场革命的利弊;100年后,他们可能还会开展专项研究,看看这项发明给生活带来了哪些革命性的变化。但是,当经营马车的公司逐渐走向破产、第一批蒸汽机车占领市场时,[知识分子]却做不了什么,他们的贡献甚至比不上一名机车司机。要求知识分子做点别的事,就像责怪柏拉图治不了胃炎一样[⋯⋯]如果知识分子的房子失火,他们唯一能做的就是给消防队打电话。[204]

这真是讽刺至极。我不太赞同艾柯的说法。我认为,知识分子和学者们完全可以有效地履行社会职责,对社会产生直接的影响,为社会的进步做出贡献。有无数的例子可以证明这一点。然而,艾柯的苛责和其他一些类似的评论常常被那些批评"象牙塔"的人所引用,指责学者们脱离现实,整天活在世外桃源中。如果柏拉图现在还活着而且在商学院任教,我们难道不会向他请教解决商业问题的具体措施吗?

商学院的教师队伍既需要学术型人才,也需要实践型人才,院长们最想招的是两者兼具的人才。我问过很多院长，他们大都和我一样认为这两种人才缺一不可，可是很难做到两全其美。的确，教师的互补性很强，管理多样化的师资队伍对于商学院的院长们来说是一个很大的挑战。

一直以来，偏学术的教师和重实践的教师关系比较疏远，总是彼此排斥。现在，应该改变这种局面，通过提升多样性来寻求巨大的协同效应。也正因为如此，我才多次强调，商学院应当在学界和商界之间架起桥梁。

商学院院长应当怎样鼓励有价值的研究课题，为年轻学者的研究成果开辟新的传播渠道？法国国立电信管理学院院长丹尼斯·拉佩特（Dennis Lapert）在我的博客[205]上提到，近年来学者的人数和投稿的数量都大幅增长，可是学术期刊的数量基本上变化不大。他认为，这造成了瓶颈，"很多文章富有学术价值，大众读者也可能很感兴趣，可惜永远发表不了"。他建议说，"我们应该与各管理学科门类的教师代表机构一起合作，开发新的渠道，让更多的年轻学者（以及年纪较长的学者）发表研究成果"。我绝对赞成这个提议。

但是，我认为应该从更广的视角来看待这个严峻的挑战。关键问题在于商学院应该怎样有效地产出和传播具有实用价值的管理研究成果。这又引申出两个问题：（1）什么是具有实用价值的管理研究成果或者管理知识？（2）哪些是研究成果的重要传播渠道？解析这两个问题的难点在于，传统而言，一项科研成果的价值取决于它是否能在权威的传播载体上发表。比如，在重要期刊上发表的论文即被视为高质量的论文。有没有什么办法可以走出这种概念误区或者两难困境呢？

几年前，欧洲管理发展基金会邀请我主持一个委员会，为EQUIS认证体系订立"科研"认证标准。该委员会的任务是制定一套切实可行的标准，帮助评审专家评估申请院校是否在科研的数量和质量上都达到了标准。我们首先需要明确"科研"的定义，因为不同的院校有各自的使命，对科研的理解也不尽相同。我们决定摒弃对科研的单一理解（比如科研就是在学术期刊上发表的成果），而采用了更加宽泛的概念，囊括多种知识产出和知识传播形式。

我们借用商界的说法提出了一个新的概念——RDI（研究、开发和创新），涵盖了从学术期刊上发表的论文到产业研究报告等各类知识产出形式，包括教学材料（案例、技术说明）、书籍、在行业杂志上发表的文章等。

相应地，对不同的院校进行认证评估时，对 RDI 的要求也有所不同。比如，高管培训中心应该多开发与实践紧密相关的教学材料，而设有博士项目的大学体制内的商学院自然应该多开展传统的学术研究。显然，采取什么样的评估标准不能一概而论，应该深入分析申请院校及其管理流程和竞争优势，不过实践证明，RDI 是评估申请院校学术成果的有效工具。

回到拉佩特院长提到的问题，我建议充分利用 Web 2.0 在知识传播中可以发挥的巨大作用。比如，两位世界知名学者联合创立了 Becker-Posner 博客。[206] 说这个博客是传播实用知识的重要媒介，应该没有人会反对吧？

● 商学研究创新的本质

泰珀·费林（Teppo Felin）在 Orgtheory[207] 上——我最喜欢的学术博客之一——转载了近 50 年来英国高校科研项目产生的 100 个改变世界的新发现和新思想。这份清单出自英国大学协会发布的一份报告，意在体现基础研究对社会发展和人民生活的促进作用。报告发表时，英国政府正准备改革对大学科研的财政支持计划，即"科研水平评估"（RAE）。

令人失望的是，这份清单中没有一项来自商学院。不过，倒是有些上榜院校来自社会和政治学领域，比如伦敦经济学院，它贡献了很多改变社会的新思想。虽然商学院和其他学术机构相比历史并不长，但这份清单列举的是50年来的高校创新情况，很多商学院早在50多年前就已经成立，却没有一家商学院入围排行榜。商学院缺乏创新是不是还有其他的原因？

欧洲的一位知名同行曾经提到，他认为商学院很少——几乎没有——创立真正能改变管理实践的新思想。他说，和别的领域不同，商科知识的创新过程起始于实践分析，而不是空泛的学术研究。管理知识来自人类的体验，是人类实践知识的集合。由于管理知识只存在于真实的世界中——不存在于理想的、柏拉图式的其他世界——管理知识的发展高度依赖于实践。

我同意泰珀·费林的说法："知识建构和科研是指通过严谨的理论构建和数据分析进行系统的解释、推断和预测。"不过，他认为："要有所选择地优先发展某一类知识，商学院和高校更当如此。我们应该重视理论性研究（和教学），还是由企业高管授课的实践性教学（研究）？"[208]对此我不敢苟同。

长期以来，学术界一直重点强调"基础研究"，不太重视所谓的"应用研究"。现在，我们理应将两者结合起来。上文提到的"商学院应当在学界和商界之间架起桥梁"也正是此意。

◉ 学术圈的净化

威廉·冯·洪堡（Wilhelm Von Humboldt，1767—1835）——柏林洪堡大学（简称柏林大学）的创始人——是公认的现代大学之父，他的思想给大多数欧美高等教育机构带来了深远的影响。他的突出贡献之一是对学科进行分类，根据不同的知识领域和学科设立大学的系别。

这样做的主要目的是通过学科的专业化来促进知识的发展。

因为人类的知识是浩瀚无边的——以前是，现在也是——学术人员必须专注于特定的知识领域并且与同领域的学者合作才能有效地开展研究工作。随着学术知识的专业化及不同学科门类的设置，高校推出了各种学位项目，不同项目开设的课程不一样。这颠覆了以前的大学模式，那时，大多数毕业生拿到的是通才学位，学的课程也差不多，大都通过参加课外实践学习应用知识。

毋庸置疑，在过去的两个世纪里，学术知识的专业化和各学系的科研工作促进了科学、人文和艺术的长足发展。但是，最近几十年，高等教育受到了全球化和技术革新等诸多因素的冲击，一些分析人士——尤其是管理教育界人士——由此指出，专业和学系的划分造成了不少负面影响。其中广为诟病的是所谓的"隔离综合征"，即大学学系就像一个个巢穴，各系教师两耳不闻窗外事，某种程度上是因为他们极少和其他学科的教师交流。比如，金融学教授只和系里其他教授打交道，只参加金融领域的论坛，只在金融类期刊上发表论文——显然也只有金融领域的同行才会读这些论文；当然，他们也只能在自己的专业领域——金融——开展教学和科研工作。

这种综合征还带来了另一个问题，我称之为"学术圈的净化"：只有那些学科背景正统、隶属于特定学术圈——有时亦称"学派"——的学者才有权发表相应领域的学术成果。他们被视为权威的知识来源。为了确保高质量的研究成果或者教学知识，其他人——比如学历并不亮眼的实业界人士或者其他学科领域的学者——都进不了这个圈子。当然，这是对现实情况的讽刺。我相信，即使在系别划分特别细的大学，教师们也非常清楚跨学科合作的重要性，比如与不同专业领域的教授合作教学或者联合发表论文。然而，划分为多个学系的大学都面临着一项挑战，即让利益相关者——尤其是学生——学会从不同的角度看问题，避免狭隘而不实用的科研。我们需要适应21世纪新形势的洪堡。

◉ 教授是内行

很多同事表示，教师队伍的建设是商学院面临的最严峻的挑战之一，即如何吸引人才、培养人才和留住人才。确实，现在的商学院都力争招收那些科研能力强、擅长教学，而且能与知名企业的高管积极互动的学者。我们可以通过两种类型教师的对照，更详细地说明这种综合能力很强的教师，一类我称之为"洪堡型教师"，一类称之为"内行"教师。

"洪堡型教师"源自19世纪初的柏林洪堡大学，是过去200年来所有西方高校教师的主流模式。威廉·冯·洪堡认为，为了在理工科和人文学科领域取得长足发展，师资队伍必须专业化——而在此之前，高校教师可以教不同的学科——大学也应该设置多个学院和学系。相应地，近几十年，教师职业呈现出一系列特点，我在表10—1中列举一二。

表10—1　　　　　　　　　不同类型的教师

洪堡型教师	内行教师
专业的学术背景	混合的学术背景
掌控教学过程	协调教学过程
固守现有知识	启发知识创新

"洪堡型教师"这种模式取得了积极的成效，知识的发展之快是前所未有的。而与此同时，许多教育分析人士和学者也都指出，如果过度强调专业化、不同领域的教师缺乏交流、教学和科研脱节，这种模式就会导致"隔离综合征"等不利影响。

此外，随着利益相关者需求的变化以及新技术对教学过程、知识产出和知识传播的巨大影响，学者的角色和资质要求也在改变。我认为，马尔科姆·格拉德韦尔（Malcolm Gladwell）的《引爆点》[209]一书中备受欢迎的"内行"（maven）这一概念可以很好地诠释现在商学院对教师的期望。内行是指那些主动收集各种最新的潮流、思想和数据的人,他们有能力判断哪些趋势可以改变世界。

此外,内行还会施加一定的影响力,利用其他社会群体把其思想传播出去——格拉德韦尔把这些群体称为"联络员"和"推销员"。我在表10—1中列举了"内行"教师的一些特征。我想借此抛砖引玉,启发大家思考怎样更好地培养师资,以适应当前的变化和需求。在这里,我提议的并不是革命性的改变,而是希望循序渐进地、有效地转变教师在现代教学过程中所扮演的角色。

● 明星教授

几年前,我在报纸上看到一则在各大媒体和博客上引发热议的新闻,即"汤姆·克鲁斯事件":维亚康姆集团董事长宣布与汤姆·克鲁斯解除合约。波特和法布里坎特(Porter and Fabrikant)在《纽约时报》上发表了一篇题为"巨星电影不等于卖座电影"[210]的文章,从管理的角度剖析事件背后的原因,很值得一读。根据作者梳理的娱乐界分析人士的评论:"巨星云集的电影能够大卖并不一定是因为明星效应。实际情况可能恰恰相反,是明星们选择了自己看好的电影。而电影制作公司也倾向于邀请明星参演成功概率大的电影[……]巨星电影之所以卖座,不是因为有明星在,而是因为明星们选择了符合大众口味的电影。""明星带来的票房收入平均为300万美元",显然远低于他们一般能拿到的片酬。

汤姆·克鲁斯事件让我想到明星教授可以给商学院创造的价值,直觉告诉我这与电影行业有很大的相似性。我所说的明星教授是指那些知名度很高、酬金优厚的学者。如前文所述,他们有时被称为"大师"。明星教授有时的确能派得上用场,比如籍籍无名的商学院希望借此提高国际知名度或者吸引大企业参加高管培训项目。不过，有趣的是，那些为了提高声望而寻找明星教授加盟的商学院也许会遇到鸡生蛋还是蛋生鸡的问题，因为根据我的经验，教授在选择学院时首先考虑的恰恰是学院的知名度。另一方面，个别明星教授的离职对商学院的影响微乎其微：商学院的弹性很大，除非很多教师纷纷离职，否则学院的知名度不会受到影响。

明星教授一般比较独立，不太参与学院事务，而且和其他教师相比，他们对教学工作的投入较少，课外很少和学生接触。

但是，明星教授对商学院的价值是毋庸置疑的，因为相关利益各方都需要他们。商学院院长的一项重要挑战是创造条件培养出更多具有重大影响力的教授，同时在整体教师队伍中保持一定的平衡。

后 记

如果若干年后人类在火星上建立商学院,这些学院会是什么样呢?到那时,管理学将会有怎样的发展?管理工作和专业技能和今天相比会有何不同?

我想,分析一下最具创新意识的商学院所推行的举措,应该可以找到上述问题的部分答案。在前面的章节中,我探讨了对于商学教育的现在和未来有重大影响的诸多因素。商学教育和高等教育的全球化、新技术对教学过程和教师角色的影响、多样化的重要性、新型学生才智的培养、多种知识传播渠道的开发等都在推动教育事业的变革。

这些因素塑造了新的发展环境,给兼容并蓄、适应力强的商学院创造了很多机会。而与此同时,那些坚持"一切照旧"的院校很可能会被边缘化、失去市场份额,甚至最终倒闭。

商学院可以深刻反思最近发生的金融危机,重新解读其基本使命——培养最优秀的管理者和企业家——并以此为目标,抓住时机推行改革。当然,单凭改革MBA培养方案或者反复强调职业道德可能仍然无法防止类似危机再次发生。管理深植于社会实践,和其他人际行为一样复杂而微妙。或许,我们对管理的理解尚浅,但是,如果管理研究密切关注真实的商业问题,同时结合人文学科和其他学科领域的最新进展,商学知识一定会变得越来越丰富。

2011年2月,本书即将付梓之际,《商业周刊》的路易斯·拉韦尔(Louis Lavelle)邀请我为专栏撰稿,谈谈商学教育和人

后记

文学科的关系。那篇稿件汇集了本书的一些主要观点，在此我稍作修改作为本书的后记。[211]

商学院不仅要培养优秀的金融工程师或者卓越的管理技术人才，还要培养杰出的世界公民。因此，商学院提供的教育可以，也应当帮助学生实现自我改造。根据我个人和很多商学院的经验，只要态度正确，很多技能和品质在成年以后也是可以学习和培养的。事实上，商学院成功与否取决于其教育和培训是否能给管理者的整个职业生涯带来积极的影响，从而推动企业发展和社会进步。

从本质上来说，管理教育可以塑造个人和改变社会。以下两个方式可以促使管理教育更好地发挥这种作用：其一，系统地培训管理专业学生，让他们具备管理者必需的优良品德；其二，把管理知识和人文知识有益地结合起来。

第一个方式，培养品德——即形成性格的习惯或行为方式——是古今社会的一个核心教育内容。优良品德并不是与生俱来的，而是通过反复训练形成的有效的、良好的习惯。人们随时可以开始锻炼和改善这些习惯；接受管理教育也因此成为一种自我改造的体验。以克里斯托弗·彼得森（Christopher Peterson）和马丁·赛利格曼（Martin Seligman）为代表人物的积极心理学重点强调培养这些美德，给教育领域带来了有益而深远的影响。

为此，商学院必须将普通的课堂教学与一对一教学、指导、辅导和咨询等关注学生个体差异的教学方式相结合。这种个性化的教学方式能照顾到每个学生的职业发展需求，帮助学生发现弱点、发挥强项，培养他们的道德品质。与此同时，考虑到要关注学生的个体差异，课堂人数最好限制在50人左右——而目前大多数项目的课堂人数超过80人。而且，有意思的是，面授与网授相结合的高质量的混合教学方式能很好地培养学生的技巧和能力。

我的第二条建议是将人文知识纳入商科教学。现在，很多教学项目过度专业化，造成了所谓的"隔离综合征"：学者们只和同领域的同事交流，而学生们只能片面地学习知识，思维不开阔。将人文知识纳为所有教学项目的重点内容，将会提升学习体验，培养视野宽阔、综合素质强的毕业生。我们IE商学院最近与布朗大学合办的EMBA项目就是这样考虑的。我们认为，大多数管理人员都是行动导向，如果学习现代艺术，就可以培养艺术家和建筑师的那种感悟力和观察能力，在评估风险时能够深思熟虑；学习外国文化，就能在跨国公司更好地带领具有多元文化背景的团队；学习批判思考，就能在上司做出有违道德的决定时予以反驳。商学院应该迅速行动起来，汲取人文教育的精髓为己用。

此外，管理的应用范围极为广泛，涉及社会的各个领域和各个行业的工作。因此，我建议高校的所有学位项目都开设一些管理课程。或许用不了多久，管理就会和数学、语文一样成为小学的核心科目。这样一来，所有的人都能学到基本的管理知识和管理技巧，在个人的生活和工作中大获裨益。工作进展顺利一定是因为管理有方，虽然我们往往只有在碰钉子时才能意识到这一点。医生应该妥善经营医院，给患者提供优质的医疗服务。建筑师应该严控预算，如期完工。的确，如果我们希望所有的毕业生——无论学的是什么专业——能为改善世界尽一份力，那么各大高校新开设的教学项目都应该教学生怎样实现出色的、可持续的管理。

管理者如能德才兼备，那么管理就是最崇高的工作之一。全世界都需要更多、更优秀的管理者，如何满足这种用人需求对于商学院来说是一项十分艰巨而又激动人心的挑战。

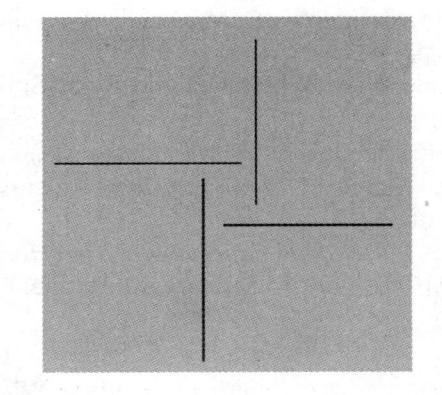

注 释

第 1 章 管理的重要性

1. F. S. Fitzgerald, *The Love of The Last Tycoon*, (New York, NY: Scribner, 1993).
2. Ibid., p. 18.
3. Ibid., p. 16.
4. Ibid., p. 15.
5. Ibid., p. 24.
6. P. Drucker, "Management's New Paradigms," *Forbes*, December 5 1998, http://www.forbes.com/forbes/1998/1005/6207152a_4.html.
7. S. Ghoshal, C. Bartlett and P. Moran, "A New Manifesto for Management," in *Strategic Thinking for the Next Economy*, ed. Michael A. Cusumano and Constantinos C. Markides (San Francisco: Jossey-Bass, 2001), ch. 1, pp. 9–32.
8. "IBM Needs a New Boss: Who's Got the Right Stuff?" *Financial Times*, March 29, 1993.
9. R. Alonso: "México tendrá su primer museo del empresario." *El Universal*, Mexico, March 21, 2010, http://www.eluniversal.com.mx/articulos/61172.html
10. J. L. Cruikshank, *A Delicate Experiment: The Harvard Business School 1908–1945*, (Boston, MA: Harvard Business School Press, 1987), p. 8.
11. Ibid., p. 20.
12. http://www.pabook.libraries.psu.edu/palitmap/bios/Wharton__Joseph.html
13. R. Khurana, *From Higher Aims to Hired Hands: The Social Transformation of American Business Schools and the Unfulfilled Promise of Management as a Profession*, (Princeton, NJ: Princeton University Press, 2007), p. 7.
14. Ibid., p. 63.
15. Ibid., p. 3.
16. R. Khurana and N. Nohria, "It's Time to Make Management a True Profession," *Harvard Business Review* (October 2008), pp. 70–7.
17. http://www.ec.europa.eu/internal_market/services/services-dir/guides_en.htm. As a European Directive, it requires member states to achieve a particular result without dictating the means and thus its full implementation depends on the actual development by said states.
18. New York State Bar Association, *New York Rules of Professional Conduct*, April 1, 2009, http://www.nysba.org/Content/NavigationMenu/ForAttorneys/ProfessionalStandardsforAttorneys/FinalNYRPCsWithComments(April12009).pdf

19. R. Baker, "No, Management Is *Not* a Profession," *Harvard Business Review* (July–August 2010), p. 6.
20. Drucker, Peter F., *The Ecological Vision* (New Jersey, Transaction Publishers, 1993), pp. 75–6.
21. John. F. Kennedy Presidential Library and Museum: "Remarks Prepared for Delivery at the Trade Mart in Dallas," November 22, 1963, http://www.jfklibrary.org/Historical+Resources/Archives/Reference+Desk/Speeches/JFK/003POF03TradeMart11221963.htm
22. Taken from the script of the movie "Shadowlands," by Richard Nicholson http://www.script-o-rama.com/movie_scripts/s/shadowlands-script-transcript-winger-hopkins.html

第 2 章　直面批评，走出危机

23. K. Holland, "Is It Time to Retrain B-Schools?" *The New York Times*, March 14, 2009.
24. B. Fryer, "How to Fix Business Schools," *Harvard Business Review Blogs*, May 5, 2009, http://www.blogs.hbr.org/how-to-fix-business-schools/
25. J. O. Light: "Change Is in the Offing," HBR Blog Network, May 7, 2009, http://blogs.hbr.org/how-to-fix-business-schools/2009/05/change-is-in-the-offing.html
26. The Debate Room, "Financial Crisis: Blame B-schools. Business Schools Are Largely Responsible for the U.S. Financial Crisis. Pro or Con?" *Businessweek*, November 24, 2008.
27. J. Lorsch, R. Khurana, "Pro: Failure to Promote a Higher Cause," in "Financial Crisis: Blame B-schools: Business schools Are Largely Responsible for the U.S. Financial Crisis. Pro or con?" *Businessweek*, November 24, 2008, http://www.businessweek.com/debateroom/archives/2008/11/us_financial_cr.html
28. Ibidem.
29. H. Mintzberg, *Managers Not MBAs: A Hard Look at the Soft Practice of Managing and Management Practice* (San Francisco, CA: Berret-Koehler Publishers Inc, 2004).
30. Ibid., p. 9.
31. Ibid., p. 74.
32. A. Wooldridge, "Global Heroes," *The Economist*, March 12, 2009.
33. P. Walker, "Who Taught Them Greed Is Good? To What Extent Are Business Schools' MBA Courses Responsible for the Global Financial Crash?" *The Observer*, March 8, 2009.
34. S. Ghoshal: "Bad Management Theories Are Destroying Good Management Practices," *Academy of Management Learning &*

Education IV (2005), pp. 75–91.
35. Ibid., p. 79.
36. Ibid., p. 77.
37. Ibid., p. 75.
38. Ibid., p. 87.
39. C. Peterson and M. E. P. Seligman, *Character Strengths and Virtues: A Handbook and Classification* (New York, NY: Oxford University Press, 2004).
40. K. Starkey, "Business Schools – Look at History to Broaden Your Intellectual Horizons," *Financial Times*, October 20, 2008.
41. R. Sutton, "Do Economists Breed Greed and Guile?" in "How to Fix Business Schools," *Harvard Business Review Blogs*, April 5, 2009, http://www.blogs.hbr.org/how-to-fix-business-schools/2009/04/do-economists-breed-greed-and.html
42. S. Kaplan, "The Economists Have It Right," *Harvard Business Review Blogs*, April 7, 2009, http://www.blogs.hbr.org/how-to-fix-business-schools/2009/04/the-economists-have-it-right.html
43. S. Kaplan, "The System Isn't Broken But It Can be Improved," *Harvard Business Review Blogs*, April 22, 2009, http://blogs.hbr.org/how-to-fix-business-schools/2009/04/the-system-isnt-broken-but-it.html
44. F. Brown, "How Business Schools can Weather the Financial Crisis," *Chief Executive*, http://www.chiefexecutive.net/ME2/dirmod.asp?sid=&nm=&type=Publishing&mod=Publications%3A%3AArticle&mid=8F3A7027421841978F18BE895F87F791&tier=4&id=F69FD8FC46994537AC16E1524034610F
45. R. J. Hollingdale, *Nietzsche: The Man and His Philosophy* (Cambridge: Cambridge University Press, 1999), p. 143.
46. F. Nietzsche, *Thus Spoke Zarathustra*, trans. R. J. Hollingdale (London: Penguin, 1974), p. 18.
47. Taken from Berkshire Hathaway Inc., Code of Business Conduct and Ethics, quoted in Deanstalk.net, http://www.deanstalk.net/deanstalk/2009/01/warren-buffetts.html
48. Jim Collins, Level-5 Leadership, http://www.jimcollins.com/media_topics/level-5.html
49. R. E. Boyatzis and A. McKee, *Resonant Leadership: Renewing Yourself and Connecting with Others Through Mindfulness, Hope, and Compassion* (Boston, MA: Harvard Business School Press, 2005).
50. "Manager, not MBAs," op. cit., p. 74.
51. J. Chan, "The Top 10 MBA Program's Weakness," Money Economics website, October 26, 2010, http://www.moneyeconomics.com/Commentaries/The-top-10-MBA-Programs-Weakness
52. P. D. Broughton, *Ahead of the Curve: Two Years at Harvard Business School* (New York: The Penguin Press, 2008).
53. J. Pfeffer, "The Narcissistic World of the MBA Student," *Financial Times*, November 7, 2010.

54. Ibidem.
55. http://www.afponline.org/pub/cs/2010/compsurvey.html
56. http://www.chiefexecutive.net/ME2/Audiences/dirmod.asp?sid=&nm=&type=
57. K. Starkey, "Business Schools- Look at History to Broaden Your Intellectual Horizons," *Financial Times*, October 20, 2008.
58. http://www.money.cnn.com/magazines/fortune/bestcompanies/2010
59. Interview with Blair Sheppard, *McKinsey Quarterly*, January 2010, p. 2.
60. Blog *Musings on Markets*, December 31, 2008, http://aswathdamodaran.blogspot.com/2008/12/crisis-of-2008-lessons-learned.html
61. *The Economist*, December 1, 2009, http://www.deanstalk.net/deanstalk/2009/12/the-economist-deans-debate-santiago-iñiguez-de-ozoño-paul-danos.html
62. http://www.beyondgreypinstripes.org/
63. T. Piper, M. C. Gentile, and S. Daloz Parks, *Can Ethics Be Taught? Perspectives, Challenges and Approaches at Harvard Business School* (Cambridge, MA: Harvard Business School Press, 1993), p. 127.
64. Ibid., pp. 127–8.
65. A. Donovan, "Can Ethics Classes Cure Cheating?" *Harvard Business School Blogs*, April 14, 2009, http://www.blogs.hbr.org/how-to-fix-business-schools/2009/04/can-ethics-classes-cure-cheati.html
66. http://www.oxforddictionaries.com/view/entry/m_en_gb0140070#m_en_gb0140070

第 3 章　培养更优秀的管理者

67. A. Wooldridge, "Global Heroes," *The Economist*, March 12, 2009.
68. L. Kellaway, "The End of the Affair," The Economist: The World in 2010, November 18, 2009, http://www.economist.com/node/14742624
69. T. Piper, M. C. Gentile, and S. Daloz Parks, *Can Ethics Be Taught? Perspectives, Challenges and Approaches at Harvard Business School* (Cambridge, MA: Harvard Business School Press, 1993).
70. A. Goldsworthy, *Caesar: The Life of a Colossus* (London: Weidenfeld & Nicolson, 2006), chapter 2.
71. G. E. M. Anscombe, *Ethics, Religion and Politics* (London: Basil Blackwell, 1981), pp. 38–9.
72. A. McIntyre, *After Virtue: A Study in Moral Theory* (London: Duckworth, 1981), chapter 14.
73. C. Peterson and M. Seligman, *Character Strengths and Virtues: A Handbook and Classification* (Oxford & New York: Oxford University Press, 2004).

74. Carrington Crisp and EFMD, "Executive Education Futures," August 2010, http://www.deanstalk.net/files/execedfutures2010.pdf
75. F. Brown, "The Responsibility of Business Schools," paper circulated April 16, 2009.
76. P. Danos, "Paul Danos in wide-ranging interview for a French business publication," *Deanstalk*, January 25, 2008, http://www.deanstalk.net/deanstalk/2008/01/paul-danos-in-w.html
77. C. Baden-Fuller and J. Stopford, *Rejuvenating the Mature Business: The Competitive Challenge* (Boston, MA: Harvard Business School Press, 1994), p. 3.
78. The Graduate Management Admission Council. http://www.gmac.com/gmac

第 4 章 变化的版图

79. G. Taber, *Judgment of Paris: California vs. France and the Historic 1976 Paris Tasting That Revolutionized Wine* (New York: Scribner, 2006).
80. D. Bradshaw, "US Schools See Their Powers Begin to Wane," Financial Times, July 25, 2010, http://www.ft.com/intl/cms/s/0/3a225134-966a-11df-96a2-00144feab49a.html#axzz1QTAf2FBG; http://rankings.ft.com /businessschoolrankings /global-mba-rankings-2011
81. R. Zoellick, "Current Multipolar World Requires a Multipolar Currency System," *Yaroslav Forum*, February 18, 2011, http://en.gpf-yaroslavl.ru/news/Robert-Zoellick-Current-multipolar-world-requires-a-multipolar-currency-system
82. Accenture, "From Global Connection to Global Orchestration: Future Business Models for High Performance Where Technology and the Multi-Polar World Meet," 2010, https://microsite.accenture.com/NonSecureSiteCollectionDocuments/By_Subject/Management_Consulting/PDF/Accenture_Multipolar_World_Research_Report_2010.pdf
83. http://money.cnn.com/magazines/fortune/global500/2010/ç
84. http://rankings.ft.com/businessschoolrankings/rankings
85. M. Prest, "Timely Appointment for Warwick Business School," *Independent,* October 7, 2010.
86. *Securing a Sustainable Future for Higher Education. An Independent Review of Higher Education Funding and Student Finance*, October 12, 2010, http://www.hereview.independent.gov.uk/hereview/report/
87. Universities UK, "The Growth of Private and For-Profit Higher Education Providers in the UK," Research Report, 2010, http://www.universitiesuk.ac.uk/Publications/Documents/PrivateProvidersmar10.pdf

88. T. Lewin, "For-Profit Colleges Mislead Students, Report Finds," *The New York Times*, August 3, 2010, http://www.nytimes.com/2010/08/04/education/04education.html?_r=1&scp=1&sq=For-Profit%20Colleges%20Mislead%20Students,%20Report%20Finds&st=cse; Pell Grants, named after former Senator Claiborne Pell, are grants give by the Federal Government that don't need to be repaid, http://studentaid.ed.gov/PORTALSWebApp/students/english/PellGrants.jsp?tab=funding
89. J. Washburn, *University, Inc.: The Corporate Corruption of Higher Education*, (New York: Basic Books, 2005).
90. Laureate International Universities, http://www.laureate.net/en/AboutLaureate/Mission.aspx
91. J. Shiller, "For-Profit Colleges Will Be Next Bubble to Burst," Change.org, July 14, 2010, http://www.education.change.org/blog/view/for-profit_colleges_will_be_next_bubble_to_burst
92. http://www.personalmba.com/manifesto/
93. G. Gloeckler and J. Merritt, "An Ethics Lesson for MBA Wannabes," *Businessweek*, March 9, 2005, http://www.businessweek.com/bschools/content/mar2005/bs2005039_7827_bs001.htm
94. J. Kaufman, *The Personal MBA: A World Class Business Education in a Single Volume*, (New York: The Viking Press, 2011).
95. J. A. Byrne, "The Financials Behind the Harvard-Stanford Rivalry," *Poets & Quants*, December 4, 2010, http://www.poetsandquants.com/2010/12/04/the-financials-behind-the-harvard-stanford-rivalry/
96. P. Lorange, "Strategy Means Choice," *Deanstalk*, October 14, 2005, http://www.deanstalk.net/deanstalk/2005/10/management_educ_1.html
97. M. Porter, *Competitive Strategy: Techniques for Analyzing Industries and Competitors* (New York: The Free Press, 1980), p. 41.

第 5 章 网络教学

98. D. Bradshaw, "Schools Drawn into New Webs," *Financial Times*, October 11, 1999.
99. H. Blustain and P. Goldstein, "Report on UNext and Cardean University," in *The E-University Compendium*, ed. P. Bacsich and S. Frank Bristow (The Higher Education Academy, 2004), ch. 11, http://www.virtualcampuses.eu/index.php/Report_on_UNext_and_Cardean_University
100. S. Carr, "Rich in Cash and Prestige, UNext Struggles in Its Search for Sales," *The Chronicle of Higher Education*, May 4, 2001.
101. *The Economist*, February 24, 2010, http://www.economist.com/node/15573278
102. "Old Mogul, New Media: Can Rupert Murdoch Adapt News

Corporation to the Digital Age?" *The Economist*, January 19, 2006.
103. M. Gunther, "Iger's New Model: The Disney CEO's Embrace of Digital Technologies Means Big Change," *Fortune*, January 20, 2006, http://www.money.cnn.com/2006/01/10/magazines/fortune/disney_fortune/
104. *Financial Times*, March 20, 2006. http://www.deanstalk.net/deanstalk/2006/03/the_rich_experi.html
105. A. de Saint Exupéry, *The Little Prince*, trans. R. Howard (Boston: Harcourt, 2000), p. 63.

第 6 章 利益相关者的国际化

106. M. McLuhan, *The Gutenberg Galaxy: The Making of Typographic Man* (Toronto: University of Toronto Press, 1962), p. 31.
107. A. Böhm, *Global Student Mobility 2025: Analysis of Global Competition and Market Share*, IDP Education Pty Ltd., November 2003, http://www.aiec.idp.com/PDF/Bohm_2025Media_p.pdf
108. Institute of International Education, "Atlas of Student Mobility," http://www.atlas.iienetwork.org/?p=54855
109. AACSB's Globalization of Management Education Task Force (Chair: R. F. Brunner), *Globalization of Management Education: Changing International Structures, Adaptive Strategies and the Impact on Institutions* (Bingley, UK: Emerald, 2011), p. 51.
110. D. Bradshaw, "The Stern School Drops GMAT requirement for EMBAs," *Financial Times*, March 3, 2011.
111. The Association to Advance Collegiate Schools of Business.
112. R. Loades (ed.), *The Future of Management Education in the Context of the Bologna Accord*, EFMD-GMAC, June 24, 2006, http://www.efmd.org/index.php/research-publications-a-awards/publications/other-publications/1174
113. M. A. Overland, "Australia Sees Big Jump in International Enrollments, Despite Downturn Fears," *The Chronicle of Higher Education*, May 6, 2009, http://www.chronicle.com/article/Australia-Sees-Big-Jump-in/42862
114. A. Sursock and H. Smidt, *Trends 2010: A Decade of Change in European Higher Education*, (Brussels: EUA Publications, 2010), http://www.eua.be/Libraries/Publications/Trends_2010.sflb.ashx
115. M. Kelo, *Support for International Students in Higher Education*, (Bonn: Lemmens and Academic Cooperation Association, 2006).
116. O. Wilde, *An Ideal Husband* (Mineola, NY: Dover Publications, 2000), p. 28.

117. C. A. Bartlett and S. Goshal, "Managing Across Borders: New Strategic Requirements," *Sloan Management Review* 28 (1997), pp. 7–17.
118. D. Mavin, "Harvard Business School Won't Open Asian Campus," *Wall Street Journal*, August 2, 2010, http://www.online.wsj.com/article/SB10001424052748704905004575404960728487290.html
119. K. Mangan, "Business Schools Worldwide Fall Short on Globalization, Report Says," *The Chronicle of Higher Education*, February 10, 2011, commenting the AACSB Report on Globalization of Business Schools 2011.
120. *Financial Times*, October 25, 2010, http://rankings.ft.com/businessschoolrankings/emba-rankings-2010
121. Y. L. Doz and G. Hamel, *Alliance Advantage: The Art of Creating Value through Partnering*, (Boston, MA: Harvard Business School Press, 1998).
122. http://www.efmd.org/index.php/conferences-learning-groups/upcoming-events/2011-efmd-meeting-for-deans-a-directors-general/1590-programme-27–25-january-2011
123. D. Bradshaw, M. Jacobs, J. Kwen Chan, "Hot Spots: The most popular cities in the world for Executive MBAs," *Financial Times*, October 25, 2010, http://www.ft.com/intl/cms/s/2/c206fc20-ddd3-11df-8354-00144feabdc0.html#axzz1T2bZqMyX

第7章 知识的熔炉

124. http://www.dictionary.reference.com/browse/knowledge
125. J. Micklewait and A. Wooldridge, *The Witch Doctors: What the Management Gurus Are Saying, Why It Matters and How to Make Sense of It* (London: Heinemann, 1996), p. 247.
126. In the article titled "A Difference of Opinion," *The Economist* (September 3, 2002) stated that: "Another, more important difference is that Europe, where the state generally plays a larger regulatory role, believes more strongly than America in such notions as social justice and corporate social responsibility," http://www.economist.com/node/1312947?story_id=1312947
127. D. Antunes and H. Thomas, "The Competitive (Dis)Advantages of European Business Schools," *Long Range Planning* 40 (2007), pp. 382–404, at 387.
128. A. Sen, *The Argumentative Indian: Writings on Indian History, Culture and Identity* (London: Penguin Books, 2005).
129. A. Sen, *A Lecture on India: Large and Small*, http://www.planningcommission.gov.in/reports/articles/profsen.pdf
130. "China's B-School Boom: Meet the New Managerial Class in the

Making," *Businessweek,* January 9, 2006.
131. S. Maple, "The Growth of On-line Education in China," Ezinearticles, http://www.ezinearticles.com/?The-Growth-of-Online-Education-in-China&id=2306070
132. A. Damast: "China: Why Western B-Schools Are Leaving Red Tape, Difficult Partners, and Weak Demand Have Western Universities Closing Executive MBA Programs," *Businessweek,* May 15, 2008, http://www.businessweek.com/magazine/content/08_21/b4085056706207.htm?chan=top+news_top+news+index_news+%2B+analysis
133. http://www.theregister.co.uk/2006/10/04/google_talks_tories/
134. D. Carvajal, "English as Language of Global Education," *The New York Times,* April 11, 2007, http://www.select.nytimes.com/gst/abstract.html?res=F20714F73E5B0C728DDDAD0894DF404482
135. G. Tuchman, "Wannabe U: Inside the Corporate University" (Chicago: University of Chicago Press, 2009), p. 12.
136. O. Tusquets Blanca, *Todo Es Comparable* (Barcelona: Anagrama, 2003).
137. F. T. Marinetti, "The Founding and Manifesto of Futurism," *Le Figaro,* February 20, 1909.

第8章 商学院的办学目标

138. G. Vidal, *Point to Point Navigation: A Memoir 1964 to 2006* (London: Little Brown, 2006).
139. Ibidem., p. 3.
140. I. Kant, *Teoría y Práctica* (Madrid: Tecnos, 1986). Further explanations of Kant's views on the nexus between Theory and Practice can be found in J. G. Murphy: "Kant on Theory and Practice," http://www.homepages.law.asu.edu/~jeffriem/kantarticlea.htm
141. P. J. H. Shoemaker, "The Future Challenges of Business: Rethinking Management Education and Research," *California Management Review,* vol. 50, no. 3 (Spring 2008), pp. 119–39, at 120.
142. Ibid.
143. Ibid.
144. W. C. Bennis and J. O'Toole, "How Business Schools Lost Their Way," *Harvard Business Review* (May 2005), p. 3.
145. Ibid., p. 6.
146. J. Pfeffer and C. T. Fong, "The End of Business Schools? Less Success Than Meets the Eye," *Academy of Management Learning and Education,* vol. 1, no. 1 (2002), pp. 8–85.
147. D. Rigby, "Management Theory and Techniques: A Survey," *California Management Review,* 43 (2001), 139–60.
148. S. R. Barley, G. W. Meyer and D. C. Gash, "Cultures of Culture:

Academics, Practitioners, and the Pragmatics of Normative Control," *Administrative Science Quarterly*, 33 (1988), pp. 24–60.

149. R. Dworkin, "Pragmatism, Right Answers, and True Banality," in *Pragmatism in Law & Society: New Perspectives on Law, Culture, and Society*, ed. M. Brint and W. Weaver (Boulder: Westiview Press, 1991), p. 359, affirmed: "For more than a decade American legal theory has been too occupied in metatheoretical debates about its own character and possibility."

150. T. Mayne, "Architecture and Education," presentation at the International Architectural Education Summit, June 30, 2011, http://news.university.ie.edu/tag/international-architectural-education-summit

151. http://www.mbaworld.com/templates/mba/images/accreditation/pdf/MBA_criteria_0807.pdf

152. S. M. Datar, D. A. Garvin, and P. G. Cullen, *Rethinking the MBA: Business Education at a Crossroads* (Boston, MA: Harvard Business Press, 2010), pp. 47–73.

153. Ibid., p. 47.

154. Ibid., p. 48.

155. M. C. Moldeveanu and R. L. Martin, *The Future of the MBA: Designing the Thinker of the Future*, (New York, NY: Oxford University Press, 2008).

156. Ibid., p. 93.

157. Datar, Garvin, and Cullen, *Rethinking the MBA*, p. 299.

158. D. Bradshaw, "Dean Profiles: Joel Podolny of Yale," *Financial Times*, January 29, 2007, http://www.ft.com/cms/s/2/3409e660-ad5a-11db-8709-0000779e2340.html#ixzz1ASmG17wu, "It is hard to imagine that a business school dean could change a school by sheer force of enthusiasm. But you get the impression that Joel Podolny might just do that."

159. D. G. Faust, "The Role of the Univeristy in a Changing World," http://www.president.harvard.edu/speeches/faust/100630_ireland.php

160. C. Christenson, M. Horn, and C. Johnson, *Disruptive Class: How Disruptive Innovation Will Change the Way the World Learns* (New York: McGraw Hill, 2008).

161. P. de L'Etraz, "What Can an On-line Program Do for You?" *Biz Ed*, November–December (2010), pp. 34–9.

162. http://www.mba.yale.edu/MBA/curriculum/cases.shtml

163. Yale SOM website, http://www.mba.yale.edu/MBA/curriculum/cases.shtml

164. J. F. Fairbank, G. Labianca, and D. LeClair, "Three Year Forecast?" *Biz Ed*, May–June (2005), pp. 46–51, http://www.aacsb.edu/publications/archives/mayjune05/p46-51.pdf

165. P. Lorange, *Thought Leadership Meets Business: How Business Schools Can Become More Successful* (Cambridge: Cambridge University Press, 2008), p. 182.

166. A. H. Goodall, *Socrates in the Boardroom: Why Research Universities Should Be Led by Top Scholars* (Princeton, NJ: Princeton University Press, 2009), http://edition.cnn.com/2006/BUSINESS/06/06/execed.deans/

第 9 章　未来的学生

167. D. Bejou, "Treating Students Like Customers: Think of Them As Customers to Be Managed for a Very Long Time," www.aacsb.edu/publications/archives/marapr05/p44-47.pdf
168. *The New York Times*, January 3, 2010.
169. Ibid.
170. J. S. Schultz, "When You Can Deduct the Cost of Your M.B.A.," *The New York Times*, January 20, 2010: "Basically, the bottom line of all of this was that the court concluded that the M.B.A. improved her pre-existing skills. If you can connect the dots between the courses you are taking and your existing skill set or your job, you can deduct it. That's the basic gist."
171. D. Bradshaw, in *Financial Times* (December 2, 2010), comments that "A growing number of schools now accept the GRE as well as the GMAT: 39 per cent of the 288 schools surveyed by Kaplan, as opposed to 24 per cent last year. However, of the business schools that accept the GRE, 69 per cent report that fewer than 1 in 10 applicants actually submit a GRE score instead of a GMAT one."
172. H. Gardner, *Multiple Intelligences: The Theory in Practice* (New York: Basic Books, 1993).
173. D. Goleman, *Emotional Intelligence: Why It Can Matter More than IQ*, (New York: Bantam Books, 1995).
174. R. E. Nisbett, *Intelligence and How to Get It: Why Schools and Cultures Count* (New York: W. W. Norton & Company, 2009), p. 2.
175. Ibid., p. 73.
176. Peter L. Berger, *Many Globalizations: Cultural Diversity in the Contemporary World* (Oxford: Oxford University Press, 2002).
177. D. Bok, *Our Underachieving Colleges: A Candid Look at How Much Students Learn and Why They Should Be Learning More* (Priceton, NJ: Princeton University Press, 2005).
178. Ibid., p. 195.
179. Ibid., p. 196.
180. T. Khanna and K. G. Palepu, "Emerging Giants: Building World-Class Companies in Developing Countries," *Harvard Business Review* (October 2006), pp. 60–9.
181. R. E. Nisbett, *The Geography of Thought: How Asians and Westerners*

Think Differently... And Why (New York: Free Press, 2003).
182. Ibid., p. xvii.
183. Ibidem.
184. Ibid., p. xviii.
185. F. Fukuyama, The End of History and the Last Man (Free Press, 2006).
186. S. P. Huntington: *The Clash of Civilizations and the Remaking of World Order* (New York: Simon & Schuster, 1996).
187. R. E. Nisbett, op. cit., p. 227.
188. S. Cardús, *Bien Educados: Una defensa útil de las convenciones, el civismo y la autoridad* (Barcelona: Paidós, 2010).
189. B. Clement, "Firms Find It Pays to Relax Dress Code," *The Independent*, July 26, 2006, http://www.independent.co.uk/news/uk/this-britain/firms-find-it-pays-to-relax-dress-code-409316.html
190. Presentation at EFMD/AACSB Annual Conference, Paris, April 23, 2006, http://www.deanstalk.net/deanstalk/2006/07/dess_codes.html
191. H. L. A. Hart, *The Concept of Law* (Oxford: Oxford University Press, 1961).
192. T. M. Dodd, "Honor Code 101: an Introduction to the Elements of Traditional Honor Codes, Modified Honor Codes and Academic Integrity Policies," CAI, http://www.academicintegrity.org/educational_resources/honor_code_101.php

第 10 章 师资培养和知识产出

193. S. Rimer, "Harvard Task Force Calls for New Focus on Teaching and Not Just Research," *The New York Times*, May 10, 2007, http://www.nytimes.com/2007/05/10/education/10harvard.html
194. D. Mitra and P. N. Golder, "Does Academic Research Help or Hurt MBA Programs," *Journal of Marketing,* 72, September 2008, pp. 31–49; P. L. Drnevich, C. Armstrong, T. A. Crook, and T. R. Crook, "Do Research and Education Matter to Business School Rankings?" *International Journal of Management in Education*, 5, 2011, pp. 169–87.
195. C. Markides, "In Search of Ambidextrous Professors," *Academy of Management Journal* vol. 50, no. 4 (2007), pp. 762–8.
196. P. Lorange, *Thought Leadership Meets Business*, p. 1.
197. The Woodrow Wilson National Fellowship Foundation, "The Responsive PhD: Innovations in US Doctoral Education," 2005, http://www.woodrow.org/images/pdf/resphd/ResponsivePhD_overview.pdf
198. A. Hacker, "The Truth About Colleges," *The New York Review*

of Books*, November 3, 2005, http://www.nybooks.com/articles/archives/2005/nov/03/the-truth-about-the-colleges/
199. Ibid., p. 2.
200. Ibidem.
201. Ibidem.
202. Ibid., p. 3.
203. Taken from A. Tabucchi, "La gastritis de Platón," trans. Carlos Gumpert (Barcelona: Anagrama, 1988), p. 31.
204. *L'Expresso*, April 24, 1997.
205. D. Lapert, "Do Not Be Discouraged, Young Researchers in Management!" *Deanstalk,* April 4, 2006, http://www.deanstalk.net/deanstalk/2006/04/do_not_be_disco.html
206. http://www.becker-posner-blog.com/
207. http://orgtheory.wordpress.com/2006/07/10/benefits-of-basic-research/#more-302
208. http://orgtheory.wordpress.com/2006/07/06/knowledge-knowledge-and-veriphobia/
209. M. Gladwell, *The Tipping Point: How Little Things Can Make a Big Difference* (New York: Little Brown & Co., 2000).
210. E. Porter & G. Fabrikant, "A Big Star May Not a Profitable Movie Make," *The New York Times*, August 28, 2006, http://www.nytimes.com/2006/08/28/business/media/28cast.html?pagewanted=1&_r=1&th&adxnnl=1&emc=th&adxnnlx=1156764452-SpOp5MnnRPzbNeU/nKHbpQ

后 记

211. S. Iñiguez, "Business school RX: Humanities," February 14, 2011, http://www.businessweek.com/bschools/content/feb2011/bs20110210_718571.htm

The Learning Curve: How Business Schools Are Re-inventing Education by Santiago Iñiguez de Onzoño

Copyright © 2011 by Santiago Iñiguez de Onzoño

First published in English by Palgrave Macmillan, a division of Macmillan Publishers Limited under the title The Learning Curve by Santiago Iñiguez de Onzoño. This edition has been translated and published under license from Palgrave Macmillan. The author has asserted his right to be identified as the author of this Work.

Simplified Chinese version © 2014 by China Renmin University Press.

All Rights Reserved.

图书在版编目（CIP）数据

商学院：引领高等教育变革/德翁左诺著；徐帆译.—北京：中国人民大学出版社，2014.4
（管理者终身学习）
ISBN 978-7-300-19151-5

Ⅰ.①商… Ⅱ.①德… ②徐… Ⅲ.①商业管理-高等教育-教育改革-研究 Ⅳ.①F7-40

中国版本图书馆CIP数据核字（2014）第063033号

管理者终身学习

商学院
——引领高等教育变革

圣地亚哥·伊尼格斯·德翁左诺　著
徐　帆　译
伊志宏　校
Shangxueyuan

出版发行	中国人民大学出版社		
社　　址	北京中关村大街31号	邮政编码	100080
电　　话	010-62511242（总编室）	010-62511770（质管部）	
	010-82501766（邮购部）	010-62514148（门市部）	
	010-62515195（发行公司）	010-62515275（盗版举报）	
网　　址	http://www.crup.com.cn		
	http://www.ttrnet.com（人大教研网）		
经　　销	新华书店		
印　　刷	北京东君印刷有限公司		
规　　格	175 mm×250 mm　16开本	版　次	2014年5月第1版
印　　张	15 插页2	印　次	2014年5月第1次印刷
字　　数	190 000	定　价	48.00元

版权所有　侵权必究　　印装差错　负责调换

教师教学服务说明

中国人民大学出版社工商管理分社以出版经典、高品质的工商管理、财务会计、统计、市场营销、人力资源管理、运营管理、物流管理、旅游管理等领域的各层次教材为宗旨。

为了更好地为一线教师服务，近年来工商管理分社着力建设了一批数字化、立体化的网络教学资源。教师可以通过以下方式获得免费下载教学资源的权限：

在"人大经管图书在线"（www.rdjg.com.cn）注册，下载"教师服务登记表"，或直接填写下面的"教师服务登记表"，加盖院系公章，然后邮寄或传真给我们。我们收到表格后将在一个工作日内为您开通相关资源的下载权限。

如您需要帮助，请随时与我们联络：

中国人民大学出版社工商管理分社
联系电话：010-62515735，62515749，82501704
传真：010-62515732，62514775　　电子邮箱：rdcbsjg@crup.com.cn
通讯地址：北京市海淀区中关村大街甲59号文化大厦1501室（100872）

教师服务登记表

姓　名		□先生　□女士	职　称		
座机/手机			电子邮箱		
通讯地址			邮　编		
任教学校			所在院系		
所授课程	课程名称	现用教材名称	出版社	对象（本科生/研究生/MBA/其他）	学生人数
需要哪本教材的配套资源					
人大经管图书在线用户名					

院/系领导（签字）：

院/系办公室盖章